28 Juillet 1773
Etat des Liv. de la Biblioth.
de Mad. la M.re de Mancini
I

Chambette quai d'Orleans

Catalogue des Livres de

la Bibliotheque de Mad.e La

Marquise de Mancini

Paris Saillant et Nyon   26 Juillet 1773.

J

CATALOGUE

DES LIVRES

DE LA BIBLIOTHEQUE

DE MADAME LA MARQUISE

DE MANCINI,

Dont la Vente se fera Lundi, 26 Juillet 1773, & jours suivans de relevée, au plus offrant & dernier enchérisseur, en la manière accoutumée, rue de Richelieu, à l'Hôtel de Louvois.

A PARIS,

Chez Saillant & Nyon, Libraires, rue S. Jean de Beauvais.

1773.

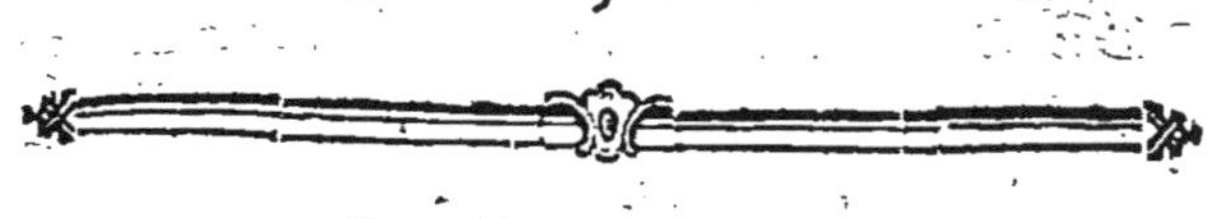

TABLE
DES DIVISIONS.

THÉOLOGIE.

SCIENCES ET ARTS.

BELLES-LETTRES.

HISTOIRE

LES LIVRES

Seront exposés dans l'ordre suivant.

Lundi 26 Juillet 1773.

	Depuis le N°.	jusqu'au N°.
Théologie.	1	12
Sciences & Arts.	251	280
Belles - Lettres.	757	799
Histoire.	1591	1624

Mardi 27.

Théologie.	13	26
Sciences & Arts.	281	310
Belles - Lettres.	800	842
Histoire.	1625	1658

Mercredi 28.

Théologie.	27	39
Sciences & Arts.	311	340
Belles - Lettres.	843	885
Histoire.	1659	1692

Jeudi 29.

Théologie.	40	52
Sciences & Arts.	341	370
Belles - Lettres.	886	928
Histoire.	1693	1725

Vendredi 30.

	Depuis le Nº.	jusqu'au Nº.
Théologie.	53	64
Sciences & Arts.	371	400
Belles - Lettres.	929	971
Histoire.	1726	1761

Samedi 31.

Théologie.	65	78
Sciences & Arts.	401	430
Belles - Lettres.	972	1014
Histoire.	1762	1794

Lundi 2 Août.

Théologie.	79	91
Sciences & Arts.	431	460
Belles - Lettres.	1015	1057
Histoire.	1795	1828

Mardi 3.

Théologie.	92	104
Sciences & Arts.	461	490
Belles - Lettres.	1058	1100
Histoire.	1829	1862

Mercredi 4.

Théologie.	105	117
Sciences & Arts.	491	520
Belles - Lettres.	1101	1144
Histoire.	1853	1896

Jeudi 5.

Théologie. *Depuis le* Nº. 118 *jusqu'au* Nº. 130
Sciences & Arts.	521	550
Belles - Lettres.	1145	1188
Histoire.	1897	1930

Vendredi 6.

Théologie.	131	143
Sciences & Arts.	551	580
Belles - Lettres.	1189	1232
Histoire.	1931	1964

Samedi 7.

Théologie.	144	156
Sciences & Arts.	581	610
Belles - Lettres.	1233	1276
Histoire.	1965	1998

Lundi 9.

Théologie.	157	169
Sciences & Arts.	611	640
Belles - Lettres.	1277	1321
Histoire.	1999	2033

Mercredi 11.

Théologie.	170	182
Sciences & Arts.	641	670
Belles - Lettres.	1322	1363
Histoire.	2034	2068

8

Jeudi 12.

Théologie. Depuis le N°.	183. jusqu'au N°.	195
Jurisprudence.	231	237
Sciences & Arts.	671	700
Belles - Lettres.	1364	1407
Histoire.	2069	2096

Vendredi 13.

Théologie.	196	211
Jurisprudence.	238	244
Sciences & Arts.	701	725
Belles - Lettres.	1408	1452
Histoire.	2097	2124

Samedi 14.

Théologie.	212	230
Jurisprudence.	245	250
Sciences & Arts.	726	756
Belles - Lettres.	1453	1481
Histoire.	2125	2159

CATALOGUE

CATALOGUE
DES LIVRES
DE LA BIBLIOTHEQUE
DE MADAME LA MARQUISE
DE MANCINI.

THÉOLOGIE.

Textes et Versions de l'Ecriture Sainte, &c.

1 Proverbia Salomonis, Job, Canticum 2'
Canticorum, Ruth, Jeremias, Ecclesiastes,
Esther; Hebraicè. *Antuerp.* 1608. *in-*24.
2 Biblia Latinè. *Antuerp. Plantin.* 1565. 6. *vol.* 9.
*in-*16. *mar. r.*
3 Eadem. *Colon.* 1670. 6 *vol. in-*24. *mar. r.* 11. 19
4 Eadem. *Lugd.* 1716. 6 *vol. in-*24. ..... 5. 15
5 Bible trad. en franç. avec l'explic. du sens littér. 119. 19
& du sens spirit., par de Sacy. *Par.* 1699. &
suiv. 36 *vol. in-*8. *mar. r.*
6 La même, en lat. & en franç., avec des notes 8⋅

A

littér. crit. & histor., des préfaces & des disser-
tations, tirées du Comment. de D. Calmet, de
l'Abbé de Vence & autres. *Par.* 1748. 14 *vol.
in-*4.

4.   7 La Sacra Biblia, tradotta in Lingua Italiana,
e Commentata da Giovanni Diodati. *In Geneva,*
1641. *in fol. mar.*

1. 10 8 Explic. Littér. de l'Ouvrage des six Jours, par
Duguet. *Brux.* 1731. *in-*12.

3. 19 9 Il Genesi di Pietro Aretino. — La Vita di Maria
Vergine del Medesimo. *In Venetia,* 1539. *in-*8.

1.   10 Liber Psalmorum Davidis. *Par. Rob. Stepha-
nus,* 1556. *in-*8. *mar. r. l. r.*

1. 10 11 Homélie, ou Paraphrase du Pseaume *Miserere,*
par le P. Calabre. *Par.* 1748. *in-*18. *mar. r.*

1.   12 Parafrasi Sopra I sette Salmi della Penitenza di
David di Partenio Etiro. *In Venetia,* 1629.
— La Sirena Marfisa e Angelica Poemetti del
Medesimo. *In Venetia,* 1630. *in-*24.

1.   13 Nouv. Testam. trad. en franç. *Mons,* 1667.
*in-*12. *mar. r.*

4. 19 14 Le même, trad. par le P. Amelotte. *Par.* 1678.
— Imitation de J. C. 4 *vol. in-*24. *mar. r. doublé
de mar.*

1. 10 15 Le même, trad. par le P. Quesnel. *Par.* 1694.
2 *vol. in-*12.

9. 4 16 Le même, avec des Réflex. mor. sur chaque
verset. *Par.* 1705. 4 *vol. in-*8.

1.   17 Le même, trad. en françois, & Pseaumes en
musique, mis en vers par Marot, *Charenton,*
1668. *in-*12.

3. 11 18 Il Nuovo Testamento, tradotto in Lingua Ita-
liana da Giov. Diodati. *In Haerlem.* 1665.
*in-*12.

8.   19 L'Evangile Analysé, selon l'ordre histor. de la
Concorde, par le P. Mauduit. *Toulouse,* 1772.
8 *vol. in-*12.

20 Epîtres & Evangiles, avec des Réflexions. *Par.* 5. 10
1705. *3 vol. in-*12.

21 Explic. de l'Epître de S. Paul aux Romains, par 1. 18
Duguet. *Par.* 1756. *in-*12.

22 Oratio Dominica, plus centum Linguis, ver- 6. 12
sionibus aut caracteribus reddita, & expressa.
Londini, 1700. *in-*4.

23 Principes discutés, pour faciliter l'intelligence 4.
des Livres prophétiques, & spécialement des
Pseaumes, par les RR. PP. Capucins. *Paris,*
1755. *4 vol. in-*12.

24 Tableau de l'Ecriture Sainte, par Ferret. *La* 1. 9
Rochelle, 1758. *2 vol. in-*12.

25 Lettres de l'Abbé de Villefroy. *Par.* 1751
*in-*12.

26 Politique tirée de l'Ecriture Sainte, par Bossuet. 7.
Par. 1709. *in-*4.

27 Traité de la Vérité & de l'Inspiration des Livres 1. 17
du vieux & du nouv. Testament, par Jacquelot.
Par. 1752. *2 vol. in-*12.

28 Cantiques sur l'ancien & le nouv. Testament, 6. 19
par Pellegrin. *Par.* 1743. *2 vol. in-*8.

29 Recueil de Cantiques. *Troyes, in-*12.

LITURGIES.

1. 4

30 Office de la Semaine. *Gros caractere, in-*12.
mar. r.

31 Les sept Offices de la Semaine avec leurs Li- 51.
tanies, écrits par Jarry en 1653. *in-*32. *chagr.*
noir avec fermoirs d'or. L'écriture en est très-belle,
& les marges sont entourées de cadres peints en or.

32 L'Uffizio della Chiesa per tutto l'anno, tradotto 3. 10
dal Signor Angelo Pronetti. *In Parigi,* 1689
*in-*24. *mar. v.*

33 L'Ordinaire de la Messe, les Vêpres, & autres 2.
Prieres. *Par. Impr. Royale,* 1733. *in-*12. *mar. r.*

60.3 34 Heures mff. fur vélin. *in-8. velours rouge , avec
les lettres majufcules & les marges peintes en or ,
& 17 grandes miniatures & plufieurs petites.*

7. 35 Heures de Port-Royal en lat. & franç. *Paris,
1686. in-8. mar. bl.*

10. 2 36 Heures burinées. *in-18. mar. v.*

12. 37 Heures burinées. *in-8. mar. r.*

7.18 38 Heures de Noailles à l'ufage de Paris. *Paris,
1716. in-8. mar. bl. l. r.*

2. 11 39 L'Office de l'Eglife en lat. & en franç. *Paris,
1718. in-12. mar. v.*

25. 4 40 Office de l'Eglife noté, pour les Fêtes & Di-
manches. *Paris, 1740. 7 vol. in-8.*

6. 8 41 Le même , en Latin & en François. *Paris,
1743. in-8. gros caractère, mar. r.*

4.18 42 Offices tirés de l'Ecriture fainte , pour tous les
jours du mois. *Paris, 1743. 2 vol. in-12. mar.
bl. l. r.*

2. 10 43 Office divin abrégé pour tous les tems de
l'année. *Sens, 1763. in-8.*

1. 17 44 Etrennes fpirituelles en Latin & en François.
Paris, 1757. in-24. mar. v.

2. 3 45 Les mêmes. *Paris, 1770. in-24. mar. bl.*

4. 46 L'Office de la femaine Sainte , à l'ufage de
Rome & de Paris. *Paris , 1732. in-8.*

2. 8 47 Le même. *Paris, 1743. in-24. mar. v.*

1. 48 Horas devotas. *Paris, 1733. in-12.*

1. 49 Oraciones i Meditaciones para il fancto facri-
ficio de la Miffa. *Sevilla, 1706. in-24.*

8. 12 50 Miffel Romain , traduit en François. *Paris,
1676. 5 vol. in-24. mar. bl.*

150. 10 51 Bréviaire de Paris, traduit en François. *Paris,
1742. 8 vol. in 4.*

1. 52 Officium B. M. Virginis. *Coloniæ. in-32.*

3. 53 Office de la Vierge-Marie pour tous les tems
de l'année , avec des prieres, par le P. Cotton.
Paris , 1611. in-8. mar. r.

54 Le même, par le P. le Boſſu. *Paris*, 1690. in-12. *mar. r.*

55 Office de la Vierge, mſſ. ſur vélin. in-8. *mar. r.* doublé *mat. b. Sur les marges ſont peints toutes ſortes d'animaux. Il y a onze grandes miniatures & 14 petites, très-bien conſervées.*

56 Office de la Vierge, mſſ. ſur vélin, *écriture du dernier ſiécle très-belle, avec des cadres d'or à chaque page, & une ſeule miniature. Chagr. noir avec des fermoirs d'or. in-24.*

57 L'Office de la Vierge, les ſept Pſeaumes & l'Office des Morts. mſſ. ſur vélin. *in-8. mar. bl.* doublé *de mar. cit. Il y a dans ce volume 15 grandes miniatures & 8 plus petites ; elles ſont toutes très-bien conſervées. L'écriture de ce volume eſt très-belle, & n'eſt point gothique.*

58 Année chrétienne, par Le Tourneux. *Paris*, *joſſet.* 1698. 12 vol. in-12. *mar. r. l. r.*

59 Enchiridion ſeu Manuale Chriſtianum. *Paris*, 1750. in-18. *mar. r.*

60 Manuel du Chrétien, contenant les Pſeaumes, le Nouveau Teſtament & l'Imitation. *Cologne*, 1747. in-18. *mar. bl.*

61 Livre de prieres en Anglois. *Lond.* 1656. in-8.

62 Le même. *Oxford*, 1719. in-12. *mar. r.*

63 Le même. *Edimbourg*, 1720. in-24. *mar. v.*

64 The Book of Comm. Prayer — The Holy Bible *Oxfort*, 1726. in-24.

CONCILES ET SS. PERES.

65 Rattramne ou Bertram du corps & du ſang du Seigneur. *Amſt.* 1717. in-12. *br.*

66 Tertullien : de la Patience, avec ſon exhortation aux Martyrs. *Paris*, 1667. in-12.

67 Confeſſions de Saint Auguſtin, trad. en Fran. par Dubois. *Paris*, 1686. in-12.

68. Les mêmes, trad. par Arnauld d'Andilly. *Paris,* 1688. *in-8.*

69 Saint Augustin : de la véritable religion, des mœurs de l'Eglise catholique, de la foi, de l'espérance & de la charité, de la correction & de la grace, trad. par Ant. Arnaud. *Paris,* 1718. 4 tom. 2 vol. *in-12.*

70 Cité de Dieu, de Saint Augustin, trad. par de la Loubere. *Paris,* 1675. 2 vol. *in-8.*

71 Lettres de Saint Augustin, trad. par Dubois. *Paris,* 1737. 6 vol. *in-12.*

72 Sentences & Instruc. chrét. tirées des SS. Peres, par Laval. *Paris,* 1736. 8 vol. *in-12.*

THÉOLOGIENS SCHOLASTIQUES.

73 Diction. Théolog. par M. Allets. *Paris,* 1756. *in-8.*

74 Les Imaginaires & les Visionnaires, par Nicole. *Liége,* 1667. 2. vol. *in-12. mr. r.* avec ferm.

75 Recueil de pièces sur la Constitution. *in-4. & in-12.*

76 Recueil d'Instruct. pastor. & autres pièces contre la Fréquente Communion & autres ouvrages. 2 vol. *in-4.*

77

78 Catéchisme historique & dogmatique. *La Haye,* 1730. 2 vol. *in-12.*

79 Témoignage de la vérité dans l'Eglise, par le P. de la Borde. 1714. *in-12.*

80 Le même. 1754. 2. vol. *in-12.*

81

82 Recherches sur la nature du feu de l'Enfer, trad. de l'Angl. *Amst.* 1757. *in-12.*

83 Conduite pour la Confession & la Communion. *Paris,* 1752. *in-18.*

THÉOLOGIE.

84 La Confeſſion coupée. *Paris*, 1702. *in* 12.

85 Examen y Pràctica de Confeſſores y penitentes ſu Anton. de Eſcobar y Mendoſa. *En Paris*, 1665. *in*-18.

86 Penitentiale irriguum, *chante pleur*, gallicè vocatum. *Paris*, 1537. *in*-8.

87 Inſtruction pour la Pénitence & l'Euchariſtie, par Treuvé. *Paris*, 1709. *in*-12.

88 Principes de la Pénitence & de la Converſion, par Beſoigne. *Paris*, 1766, 2 *vol. in*-12.

89 Directeur des Ames pénitentes. *Paris*, 1730, 2 *volumes in*-12.

90 Somme des Péchés, par le P. Bauny. *Paris*, 1639. *in*-8.

91 Lettre du Prince de Conti au P. Deſchamps ſur le *Libre-arbitre. Cologne*, 1689. *in*-12.

92 Lettre apologétique du P. Norbert. *Lucques*, 1759, 2 *vol. in*-12.

93 Préſence corporelle de l'Homme en pluſieurs lieux prouvée poſſible, par de Lignac. *Paris*, 1764. *in*-12. *br.*

94 Inſtructions ſur les Indulgences, & Méditations ſur la Paſſion, par Clément. *Paris*, 1762. *in*-12, *br.*

95 Traités hiſtoriques ſur la fin du Monde, la venue d'Elie & le retour des Juifs. *Rotterdam*, 1738. 3 *vol. in* 12.

96 Conférences familières ſur la Pénitence, par le P. de la Borde. *Paris*, 1757. *in*-12.

97 Conſér. Eccléſ. du Diocèſe de Lodève; *Paris*, 1749. 4 *vol. in*-12.

98 Conférences du P. Delatour de l'Oratoire, faites à S. Magloire, 1688. *mſſ. in* 4.

99 Conférences ſur l'Oraiſon Dominicale, par le P. Bizaut. *Paris* 1766. *in* 12.

100 Lettres Provinciales, par Paſcal, & Réponſe aux mêmes. *Rouen*, 4 *vol. in*-12.

8. 　101 Plan théologique du Pythagorisme, par le P. Mourgues. *Paris*, 1712. 2 *vol. in-8.*

102 Dell'Umanita, del Figliuolo di Dio da partenio Etiro. *In Venetia* 1633. *in-12.*

10..19 103 Traité des Superstitions, par Thiers. *Paris*, 1741. 4 *vol. in-12.*

3. 　104 De l'Abus des nudités de gorge. *Bruxelles*, 1675. *in-12.*

SERMONAIRES ET CATHÉCHISMES.

105 Lettre sur la Prédication. *Berlin*, 1753. *in-12.*

106 Prediche de Fra Hieronymo, *in-4.*

I. 　107 Prediche dal Padre Girolamo Mautini da Narni. *Roma*, 1639. *in-8.*

6. 　108 Prediche del Savonarola. *In Vinegia*, 1544. 10 *vol. in-12.*

39.4 109 Sermons du P. Bourdaloue. *Paris* 1733. 18 *volumes in-12.*

10. 19 110 Sermons de Tillotson. *Trévoux* 1744. 7 *vol. in-12.*

2. 　111 Principes de la Religion & de la Morale, extraits des Ouvrages de Saurin. *Paris*, 1768. 2 *vol. in-12.*

2. 　112 Sermons de Massillon. *Trévoux*, 1711. 4 *vol. in-12.*

38. 　113 Sermons de Massillon, contenants Avent, Carême, petit Carême, Mysteres, Panégyriques, Pseaumes, Conférences, Oraisons funèbres. *Par.* 1745. 13 *vol. in-12.*

2.2 114 Serm. choisis pour le Carême. *Liege*, 1738. 2 *vol. in-12.*

3.17 115 Serm. choisis par Fénélon. *Par.* 1744. *in-12.*

2. 　116 Serm. de Lè Boux. *Rouen*, 1766. 2 *vol. in-12.*

4. 　117 Serm. de Soanen. *Lyon*, 1767. 2 *vol. in-12.*

4..1621 18 Serm. de Pacaud. *Paris*, 1751. 3 *vol. in-12.*

6. 　119 Serm. de Gasp. Terrasson. *Par.* 1749. 4 *vol. in-12.*

120 Serm. pour l'Avent, par le P. du Rivet. *Par.* 1765. *in*-12.

121 Serm. pour le Carême, par M. l'Abbé Torné. *Par.* 1765. 3 *vol. in*-12.

122 La Voix du Pasteur, par M. Reguis. *Paris*, 1766. 2 *vol. in*-12.

123 Serm. du P. Jard. *Par.* 1768. 5 *vol. in*-12.

124 Serm. du P. Griffet. *Liege*, 1766. 4 *vol. in*-12.

125 Œuvres Spirituelles & Pastorales de Carrelet. *Par.* 1767. 4 *vol. in*-12.

126 Instr. Chrét. sur les Mysteres & les principales Fêtes de l'année, par de Saint-Glin. *Par.* 1736. 2 *vol. in*-12.

127 Instr. pour les Dim. & Fêtes de l'année, par ordre de M. de Soissons. *Soissons*, 1755. 3 *vol. in*-12.

128 Catéchisme de Montpellier. *Paris*, 1758. 3 *vol. in*-12.

129 Expos. de la Doctrine, par Mesengui, & Mém. justificatif du même Livre. *Utrecht*, 1744. 7 *vol. in*-12.

130 Catéchisme en vers, par d'Heauville. *Châlons*, 1679. *in*-12.

131 Catéchisme en anglois. *Londr.* 1750. *in*-12.

132 Magasin des pauvres Artisans, Domestiques & Gens de la campagne, par Mad. le Prince de Beaumont. *Lyon*, 1768. 2 *vol. in*-12.

THÉOLOGIENS MYSTIQUES.

133 De Imitatione Christi Libr. IV, absque indicatione anni. *Lugd. Batav. Elzevir*, *in*-12. mar. r.

134 Iidem. *Parisiis*, 1669. *in*-24. mar. v.

135 Iidem. *Parisiis*, 1693. *in*-24.

136 Iidem. *Parisiis*, 1738. *in*-24.

137 Imitation de J. C. *Par.* 1643. *in*-8. mar.

138 La même, trad. en vers par P. Corneille. *Par.* 1658. *in*-4.

B

139 Dell' Imitatione di Christo. *In Parigi*, 1675. *in-24. mar. citr.*

140 A Treatrise of the Imitation of Jesus-Christ, render'd in tho English by George Stamhop. *London*, 1699. *in-12.*

141 Pratique de la Vie intérieure, par le P. Gonnelieu. *Par.* 1700. *in-12.*

142 Dio Solo. *In Bologna*, 1669. *in-32.*

143 Combat Spirituel. *Par.* 1681. *in-12.*

144 Fiamme d'Amor Divino di Mich. Cicogna. *Venetia*, 1683. *in-12.*

145 Chemin de l'Amour Divin. *Par.* 1746. *in-12.*

146 Conduite d'une Dame Chrétienne pour vivre faintement dans le monde, par Duguet. *Par.* 1725. *in-12. mar. bl.*

147 Modo facile e Divoto per Acquiftare la continua prefenza di Dio. *In Venetia*, 1682. *in-32.*

148 Lettre d'un Serviteur de Dieu, par le P. de la Combe. *Grenoble, in-12.*

149 L'Ange Conducteur dans la Dévotion chrétienne, par le P. Coret. *Nanci*, 1739. *in-12. mar. r.*

150 Réflexions fur la miféricorde de Dieu, par Madame de la Valliere. *Paris* 1680. *in-12.*

151 Les mêmes. *Paris*, 1744. *in-12.*

152 La pieufe Alouette avec fon Tirelire. *Valenciennes*, 1691. *in-8. 2 parties.*

153 Lettres fpirituelles d'une Carmélite, par Brion. *Paris*, 1720. *2 vol. in-12.*

154 Dévotion aifée, par le P. Lemoine. *Paris*, 1652. *in-12.*

155 Combattimento fpirituale del P. Lorenzo Scupoli. *In Parigi*, 1660. *in-fol. mar.*

156 Traités de Piété, par Hamon. *Amfterdam*, 1727. *in-12.*

157 Pratique de la Perfection chrétienne, trad. de l'Efpagnol de Rodriguez par Regnier des Marais. *Paris*, 1675. *Tome I. in 4.*

158 Principes de la Perfection chrétienne & religieuse, par Besoigne. *Paris*, 1753. *in-12.*

159 Lettres & Opuscules de Bossuet. *Paris*, 1748. 2 *vol. in-12.*

160 Principes & Regles de la vie chrétienne, par Le Tourneux. *Paris*, 1745. *in-18.*

161 Pratica di Alcuni esertitii spirituali di S. Ignatio. *In Roma*, 1686. *in-4.*

162 Essais de Morale & autres Ouvrages de Nicole. *Paris*, 1723. 20. *vol. in-12.*

163 Esprit du même. *Paris*, 1765. *in-12. mar. r.*

164 Traité de la Priere publique, par Duguet. *Paris*, 1713. *in-12.*

165 Retraite de Dix Jours pour préparer à la Fête de Noël, par le P. de la Borde. *Paris*, 1755. *in-12. mar. r.*

166 Le même. *Paris*, 1761. *in-12. mar. r.*

167 Delle Pratiche di Meditationi, sopra tutti i Vangeli dell'Anno, del Franciotti. *In Venetia*, 1610. *in-12.*

168 Religion Chrétienne méditée dans le véritable esprit de ses maximes, par le P. Jard. *Paris*, 1763. 6 *vol. in-12.*

169 Préparation à la Mort, par D. Morel. *Paris*, 1755. *in-12.*

170 Bonheur de la Mort chrétienne, par le P. Quesnel. *Paris*, 1703. *in-12.*

171 La Cité Mistique de Marie d'Agreda, trad. par Croset. *Bruxelles*, 1715. 3 *vol. in-4.*

172 Relation de l'Origine, du Progrès & de la Condamnation du Quiétisme, 1732. 2 *vol. in-12.*

13. Opuscules spirituels de Madame Guion. *Cologne*, 1704. *in-12.*

174 Œuvres de Bourignon. *Amsterdam*, 1684. 19 *vol. in-12.*

175 Œuvres de Madame de Bellefond. *Paris*, 1688. *in-8.*

THÉOLOGIE POLEMIQUE.

9 176 Penfées de Pafcal. *Paris*, 1670. *in* 12.

10 177 Les mêmes. *Amfterdam*, 1709. *in*-12.

178 Penfieri di Pafchal tradotti di Carlo Franç. Badini. *In Torino* 1767. 2 *vol. in*-12.

4 179 Traité de la vérité de la Religion Chrétienne, par Abadie. *Paris*, 1750. 4 *vol. in*-12.

180 La feule Religion véritable démontrée par le P. Lefébvre. *Paris*, 1744, *in*-12.

181 Preuves de la Religion de J. C., par M. l'Abbé le François. *Paris*, 1751. 8 *vol. in*-12.

11 182 Religion Chrétienne démontrée par la Réfurrection, trad. de l'Anglois d'Homfroi Ditton. *Paris*, 1729. *in*-4.

12 183 Lettres d'une Mere à fon Fils, pour lui prouver la vérité de la Religion chrétienne. *Paris*, 1767. 3 *vol. in*-12.

184 Examen des Faits qui fervent de fondement à la Religion chrétienne, par M. l'Abbé François. *Paris*, 1767. 3 *vol. in*-12.

185 Les Américaines, ou preuve de la Religion Chrétienne par les lumieres naturelles, par Madame le Prince de Beaumont. *Lyon*, 1770. 6 *vol. in*-12 *br.*

186 Nouvelle Démonftration évangélique, par Leland, traduction de l'Anglois. *Liege*, 1769. 4 *vol. in*-12.

187 Differtation fur l'Exiftence de Dieu, par Jacquelot. *Paris*, 1744. 3 *vol. in*-12.

10 188 Démonftration de l'Exiftence de Dieu, par de Fénélon. *Paris*, 1764. *in*-12.

9 189 Traité de l'Exiftence & des Attributs de Dieu, par Clarke, trad. par Ricotier. *Amfterdam*, 1728. 3 *vol. in*-12.

5 190 Principes de Philofophie, ou Preuves natu-

rélles de l'Exiſtence de Dieu , par l'Abbé Ge-
neſt. *Paris ,* 1716. *in* 8.

191 Défenſe du Chriſtianiſme & autres Diſcours,
par M. Ant. Jacq. Rouſtan. *Amſterdam ,* 1764.
*in-*8. *br.*

192 Réflexions d'un Militaire ſur l'utilité de la
Religion pour la conduite des armées. *Londres ,*
1759. *in-*12.

193 Recherche de la Religion. *Paris ,* 1760.
*in-*12.

194 Entretiens Philoſophiques ſur la Religion.
Paris , 1772. 2 *vol. in-*12.

195 De la Science qui eſt en Dieu , par de Mo-
riniere. *Paris ,* 1728. *in-*12.

196 Préſervatif contre le changement de Religion.
Amſterdam , 1717. *in-*12.

197 Diſſertation ſur l'union de la Religion , de
la Morale & de la Politique , par Warburton.
Londres , 1742. *in-*12.

198 Eſſai ſur la Providence & ſur la Poſſibilité
phyſique de la Réſurrection. *Amſterdam ,* 1731.
*in-*12.

199 Lettres ſur le Déiſme , par Salchli. *Lauſanne ,*
1756. *in-*8.

200 Ouvrages de M. Leſley contre les Déiſtes &
les Juifs , trad. de l'Angl. par le P. Houbigant.
Paris , 1770. *in-*8. *br.*

201 Morale Evangélique , comparée à celle des
différentes Sectes de Religion & de Philoſophie.
Beſançon , 1772. 2 *vol. in-*12.

202 Diſſertation ſur le Meſſie , par Jacquelot.
Amſterd. 1752. *in-*12.

203 La Foi juſtifiée de tout reproche de contra-
diction avec la raiſon. *Paris ,* 1762. *in-*12.

204 Le Philoſophe moderne ou l'Incrédule con-
damné au tribunal de ſa raiſon. *Paris ,* 1759.
*in-*12.

205 L'Incrédulité convaincue par les Prophéties ; par l'Evêque du Puy. *Paris*, 1759. 3 *vol. in*-12.

206 Observations sur la Philosophie de l'Histoire & le Dictionnaire philosophique, par M. l'Abbé François. *Paris*, 1770. 2 *vol. in* 8.

207 Examen du Matérialisme, ou Réfutation du système de la nature, par M. Bergier. *Paris*, 1771. 2 *vol. in*-12.

208 Instruction pastorale de l'Evêque du Puy, sur la prétendue philosophie des Incrédules modernes. *Paris*, 1763. *in*-4.

209 Réponses critiques à plusieurs difficultés proposées par les Incrédules, sur les livres saints, par M. Bullet. *Paris*, 1773. *in*-12.

210 Lettres Philosophiques, par M. de Voltaire. *Amst.* 1734. *in*-12.

211 Lettres servant de réponse aux précédentes. *in*-12.

212 Doctrine curieuse des beaux esprits, par le P. Garasse. *Paris*, 1623. *in* 4.

213 Jugement & censure du livre précédent. *Paris*, 1623. 2 *vol. in*-12.

214 Examen du livre du Card. Bellarmin. 1611. *in*-12.

215 La Religion vengée, ou Réfut. des Auteurs impies. *Paris*, 1762 & *suiv.* 20 *vol. in*-12.

216 Lettres critiques, ou Analyse & Réfut. de divers Ecrits modernes contre la Religion, par Gauchat. *Paris*, 1750. 18 *vol. in*-12.

217 Journal Chrétien, par l'Abbé Joannet, depuis 1754 jusques y compris 1764. *Paris*, 1754 & *suiv.* 48 *vol. in*-12.

218 Histoire des variations des Eglises protestantes, par Bossuet. *Paris*, 1688. 2 *vol. in*-4.

219 Avertissement aux Protestans, par le même. *Paris*, 1689. *in*-4.

220 Tradition Cathol. ou Traité de la Croyance

des Chrétiens d'Afie, d'Europe & d'Afrique, ès
Dogmes controverfés. 1609. *in-8.*

221 Lettre d'un Patriote, & Réponfe fur la Tolé-
rance civile dès Proteftans de France. 1756. *in-8.*

222 Réunion des Proteftans de Strasbourg à l'Egl. 1.
Romaine, par le P. Jean Déz. *Strasbourg*, 1687.
in-12. mar. r.

223 Penfées fecret. fur la Relig. par Beveridge. 3.
Amft. 1756. 2 *tom.* 1 *vol. in-12.*

224 Effais de Morale, par Laplacette. *Amft.* 1732. 5.
6 *vol. in-12.*

225 Anecdotes fur la Religion dans la Chine. *Par.* 3. 12
1733. 7 *vol. in-12.*

226 Mém. apologét. fur la Religion de la Cochin- 2.
chine. *Avignon*, 1753. 3 *vol. in-12.*

227 Lettres Édifiantes fur la vifite de M. de la
Baume à la Cochinchine. *Venife*, 1753. 3 *vol.*
in-12.

228 Conférence du Diable avec Luther, contre 1. 15
le Saint Sacrifice de la Meffe. *Paris*, 1673. *in-12.*

229 De l'Antechrift & de fes marques, contre les 3.
calomnies des ennemis de l'Egl. Cathol. par Fer-
rier. *Paris*, 16 1 5 *in-4.*

230 L'Alcorano di Macometto. *In Venetia*, 1547. 5.
in-4.

JURISPRUDENCE.

231 L'ESPRIT des Loix, par de Montefquieu. 4. 4
Geneve, 1749. *in 4.*

232 Examen critique de l'Efprit des Loix. *Geneve*, 1. 4
1750. *in-12.*

233 L'Efprit des Loix quinteffencié. 1751. *in-12.* 1. 16

234 L'Origine des Loix, des Arts & des Sciences, 14. 15
& de leurs progrès chez les anciens Peuples, par

Guoguette. *Paris*, 1758. 3 vol. *in-4.*

235 Dei Delitti e delle Pene. *Harlem*, 1766. *in-12.*

236 Traité des Violences publiques & particulieres, Ital. & Fran. *Paris*, 1769. *in-12. br.*

237 Commentaire sur l'Edit du mois d'Avril 1695, concernant la Jurisdiction Ecclésiastique, par M. Jousse. *Paris*, 1764. 2 vol. *in-12.*

238 Exposition de la Doctrine de l'Eglise Gallic. par rapport aux prétentions de la Cour de Rome, par Dumarsais. *Genev.* 1757. 3 vol. *br.*

239 Autorité du Clergé, & Pouvoir du Magistrat politique, sur les fonctions du Ministere Ecclésiastique. *Amst.* 1766. 2 vol. *in-12.*

240 Factum pour les Religieuses de Sainte-Catherine-les-Provins contre les Cordeliers. 1668. *in-12.*

241 Principes du droit naturel, par Burlamaqui. *Genève*, 1748. *in-12.*

242 Principes du Droit de la nature & des gens, extrait de Wolf par Formey. *Amst.* 1758. 3 vol. *in-12.*

243 Essai sur l'Histoire du Droit naturel, par Hubner. *Lond.* 1757. 2 vol. *in-12.*

244 Questions de Droit naturel, par De Vattel. *Berne*, 1762. *in-12.*

245 Lettres historiques sur les fonctions essentielles du Parlement. *Amst.* 1753. 2 vol. *in-12.*

246 Calendrier des Loix de la France qui ont paru en 1762, par Vallat-la-Chapelle. *Par.* 1763. *in-24. br.*

247 Arrest du Parlement de Toulouse, dans la cause de Martin Guerre. 1565. — Avis de Me. Guillaume sur l'Anti-Coton. 1611. — Le Voyage de Me. Guillaume en l'autre monde vers Henry le Grand. 1612. — Le Magistrat Génevois découvert. 1613. *in-12.*

248 Procès de Damien. *Paris*, 1757. *in-4.*

249 Caufes célèbres & intéreffantes, par Gayot 5.
    de Pitaval. *Paris*, 1743. 20 *vol. in-12.*

250 Caufes célèbres, par M. de la Ville *Par.* 1766. 8. 19
    4 *vol. in-12.*

250 * Caufes amufantes & connues. *Berlin*, 1769. 5.
    vol. in-12.

SCIENCES ET ARTS.

PHILOSOPHIE.

251 Histoire Crit. de la Philofophie, par 8.10
    Deflandes. *Amft.* 1756. 4 *vol. in-12.*

252 Hiftoire abrégée de la Philofophie, par For- 2.2
    mey. *Amft.* 1760. *in-12.*

253 Méthode pour faire promptement des progrès
    dans les Sciences & dans les Arts, par M. Valler.
    Grenoble, 1767. *in-12. br.* 4.19

254 Elémens de Philofophie moderne, par Maf-
    fuet. *Amft.* 1752. 2 *vol. in-12.*

255 Entretiens fur les Sciences, par le P. Lamy.
    Lyon, 1724. *in 12.*
    3.17

256 Elémens des Sciences & des Arts Littéraires,
    trad. de l'anglois. *Paris*, 1756. 3 *vol. in-12.*

257 Grammaire des Sciences philofophiques, trad. 3.15
    de l'anglois. *Paris*, 1749. *in-8. avec fig.*

258 Œuvres de Platon, trad. avec des Remarques, 6.10
    par Dacier. *Paris*, 1701. 2 *vol. in-12.*

259 République de Platon, trad. par Leroy. *Paris*, 1.4
    1600. *in-4.*

260 La même, nouv. traduction. *Paris*, 1762. 4.5
    2 *vol. in-12.*

261 Le Banquet de Platon, trad. par Racine. *Par.* 1.5
    1732. *in-12.*

4. 262 Selecta Senecæ Opera. *Paris, Barbou,* 1761. *in-12. mar. citr.*

1. 263 Œuvres de Séneque, trad. par Baudoin. *Par.* 1638. *in-fol.*

2. 19 264 Traité de Porphire touchant l'abstinence de la chair des animaux, par Burigny. *Paris,* 1747. *in-12.*

2. 5 265 Le Philosophe Chrétien, par Formey. *Lyon,* 1753. *2 vol. in-12.*

3. 266 Le Philosophe Payen, ou Pensées de Pline, avec un Commentaire, par M. Formey. *Leide,* 1759. *3 vol. in-12.*

267 Introduction à la Philosophie, par s'Gravesande. *Leide,* 1737. *in-12.*

2. 11 268 Méditations de Descartes. *Paris,* 1724. *2 vol. in-12.*

2. 269 Méthode, du même. *Par.* 1724. *2 vol. in-12.*

270 Passions de l'Ame, par le même. *Paris,* 1664. *in-12.*

1. 11 271 Les mêmes. *Paris,* 1726. *in-12.*

1. 272 Principes de la Philosophie, par le même. *Par.* 1647. *in-4.*

1. 10 273 Les mêmes. *Par.* 1723. *in-12.*

15 274 Lettres, du même. *Par.* 1657. *in-4.*

6. 275 Les mêmes. *Par.* 1725. *6 vol. in-12.*

276 Recueil de quelques Pieces curieuses concernant la Philosophie de Descartes. *Amst.* 1684. *in-12.*

2. 277 Abrégé de la Philosophie de Gassendi, par Bernier. *Lyon,* 1678. *8 vol. in-12. manque le* 3.e.

1. 10 278 Elém. de la Philosophie de Newton, par M. de Voltaire. *Londres,* 1744. *in-12.*

1. 10 279 Origine du Mal, ou Examen de Bayle, par M. d'Ales. *Par.* 1758. *in 12.*

1. 280 Paradoxe sur l'incertitude, vanité & abus des Sciences, trad. d'Agrippa. 1582. *2 vol. in-16.*

281 Abrégé de la Philosophie, ou Dissertation sur 1.10
la Morale. *Par.* 1754. 2 *vol. in*-12.

282 Examen du Fatalisme, par M. Pluquet. *Par.* 4. 8
1758. 3 *vol. in*-12.

283 Les Secrets les plus cachés de la Philosophie 1.
des Anciens, par Crosset de la Haumerie. *Par.*
1722. *in*-12.

284 Le vrai Philosophe, ou l'usage de la Philo= 1. 19
sophie. *Par.* 1762. *in*-12.

285 Bigarures Philosophiques. *Amst.* 1759. *in*-12. 2. 2

286 Pieces Philosophiques & Littéraires. 1759. 1. 12
in-12.

287 Le Voyageur Philosophe dans un pays inconnu 6. 6
aux Habitans de la terre, par de Listonai. *Amst.*
1761. 2 *vol. in* 12.

288 Opera nova intitolata il perche utilissima ad 1.
intendere le Ragioni de Molte Cose. *In Venetia,*
1532. *in*-8.

289 Discours Philosophiques, par Boullier. *Paris,* 1.
1759. *in*-12.

290 L'Oracle des nouveaux Philosophes. *Berne,* 3.
1759. 2 *vol. in*-12.

LOGIQUE, MORALE, &c.

291 Logique, ou l'Art de penser, par Nicole. *Par.* 2. 3
1730. *in*-12.

292 Logique de Crousaz. *Amst.* 1737. 2 *vol. in*-12. 1.

293 Principes de Morale, déduits de l'usage des 3.
facultés de l'entendement humain, par M. For-
mey. *Leide,* 1762. 2 *vol. in*-12.

294 Les mêmes, appliqués aux déterminations de 2. 9
la volonté. *Leide,* 1765. 2 *vol. in*-12.

295 La Philosophia morale da Lodov. Ant. Mu= 3. 4
ratori. *In Verona,* 1737. *in*-4.

296 La Philosophie applicable à tous les objets 3. 12

de l'esprit & de la raison, par l'Abbé Terrasson. *Par.* 1754. *in*-12.

1. 5 297 Elémens de Philosophie morale, trad. de l'anglois, par de Joncourt. *La Haye*, 1756. *in*-12.

1. 298 Nouv. trad. des Œuvres morales de Plutarque. *Paris*, 1764. *in*-12.

2. 7 299 Morale d'Epicure, avec des réflex. par Descoutures. *Paris*, 1685. *in*-12.

3. 300 La même, tirée de ses propres Ecrits, par M. l'Abbé Batteux. *Par.* 1758. *in*-12.

4. 301 Caractères de Théophraste & ceux de la Bruyere. *Amst.* 1708. 3 *vol. in*-12.

2. 19 302 Les mêmes. *Paris*, 1715. 2 *vol. in*-12.

2. 303 Seneca's Morals, by Way of abstract. *London*, 1711. *in*-8.

1. 8 304 Extrait des Epîtres de Sénéque, par M. Sablier. *Paris*, 1770. *in* 12.

1. 11 305 Pensées de Sénéque, par de la Baumelle. *Par.* 1768. *in*-12.

3. 2 306 The Meditation of the Emperor Marcus-Aurelius Antoninus. *Glasgow*, 1749. 2 *vol. in*-12.

{ 307 M. Tullii Ciceronis de Officiis Libri. *Amst.* 1649. *in*-12.

2. 7 { 308 Offices de Cicéron, trad. par Dubois. *Paris*, 1692. *in*-8.

2. 15 309 Cicéron de la Vieillesse, de l'Amitié, &c. trad. par M. Debarrett. *Paris*, 1768. *in*-12.

3. 15 310 Zodiaque de la Vie humaine, trad. de Palingen, par de la Monnerie. *Londres*, 1733. 2 *vol. in*-12.

15. 19 311 Essai sur les Probabilités de la durée de la vie humaine, par de Parcieux. *Paris*, 1746. *in*-4.

3. 19 312 Morale de Confucius, & Lettre sur cet Ouvrage. — La Logique, par le P. Reyneau. *Par.* 1745. — Lettre de M. de Gourné à D. Gilbert. *Amst.* 1743. *in*-12.

313 Manuel de l'Homme du Monde. *Par.* 1761. 1.10
   in-8.

314 L'Homme de Defcartes. *Paris*, 1729. *in*-12. 1.15

315 L'Antropologie, par le Marquis de Gorini 2.
   Corio, trad. de l'Italien. *Laufane*, 1759. 2 *vol.*
   in-12.

316 Effai fur les Paffions & fur leurs caracteres, 2.10
   par de Montenault. *La Haye*, 1742. 2 *vol. in*-12. 4

317 Difcours fur l'Emploi du Loifir, par Pecquet. 1.3
   1739. — Réflexions fur les Paffions & les Goûts.
   1738. — Panégyriq. de Louis XV. 1748. *in*-12.

318 Leçons de la Sageffe fur les défauts des hom- 4.15
   mes. *Paris*, 1743. 3 *vol. in*-12.

319 The Spectator. *London*, 1744. 8 *vol. in*-12. 20.

320 Le Spectateur, trad. de l'Anglois. *Par.* 1716. 8.16
   7 *vol. in*-12.

321 Le Spectateur François, par Marivaux. *Paris*, 3.
   1728. 2 *vol. in*-12.

322 Mentor moderne, traduction de l'Anglois. 3.
   La Haye, 1723. 3 *vol. in*-12.

323 Réflexions Morales, Satiriques & Comiques 1.4
   fur les Mœurs du Siécle. *Liege*, 1733. *in*-12.

324 Préjugés du Public, par Denefle. *Paris*, 1747. 2.6
   2 *vol. in*-12.

325 Traité de la Calomnie. *Paris*, 1769. *in*-12. *br.* 6

326 Doctrine des Mœurs, par Gomberville, *avec* 5.2
   figures. Paris 1646. *in-folio.*

327 Tréfor de vertu. *Paris*, 1581. *in*-18. 1.6

328 De la Sociabilité, par M. l'Abbé Pluquet. 1.10
   Paris, 1767. 2 *vol. in*-12. *br.*

329 L'Homme aimable, par Marin. *Paris*, 1751. 1.11
   in-12.

330 Difcours de Rouffeau fur le Rétabliffement 1.10
   des Sciences & des Arts, avec la Réfutation.
   Londres, 1751. *in*-8.

331 Difcours fur l'origine & les fondemens de 2.11
   l'inégalité parmi les Hommes, par le même.

Amsterdam, 1755. — Lettre pour servir de Réponse. *Genéve.* 1755. *in*-8.

332 Réflexions d'une Provinciale sur le discours précédent. *Londres*, 1758. *in*-8 br.

333 Connoissance de Soi-même, par le P. Lamy. *Paris*, 1694. *in*-12.

334 La même. *Paris*, 1701. 6 vol. *in* 12.

335 Jouissance de soi-même, par M. Caraccioli. *Utrecht*, 1759. *in*-12.

335 * L'Art de se connoître Soi-même, par Abbadie. *Lyon*, 1701. *in*-12.

336 Considérations sur les Mœurs de ce Siécle, par Duclos, 1751. *in*-12.

337 Tableau du Siécle. *Genéve*, 1759. *in*-12.

338 Caractères de l'Homme sans passions. *Paris*, 1663. *in*-12.

339 Essais sur l'Histoire du Cœur humain. *Paris*, 1767. *in*-12. br.

340 Mœurs Angloises. *La Haye*, 1758. *in* 8.

341 Essai sur le Caractère, les Mœurs & l'Esprit des Femmes, par M. Thomas. *Paris*, 1772. *in* 8. br.

342 Encyclopédie de Pensées, de Maximes & de Réflexions, par M. Allets. *Paris*, 1761. *in*-12.

343 Réflexions, Sentences & Maximes morales, par Amelot de la Houssaye. *Paris* 1743. *in*-12. mar. r.

344 Pensées & Réflexions morales sur divers sujets, par M. d'Arconville. *Avignon*, 1760. *in*-12.

345 Education des Enfans, trad. de l'Anglois de Locke, par Coste. *Paris*, 1711. *in*-12.

346 Eraste, ou l'Ami de la Jeunesse. *Paris*, 1773. *in*-8.

347. Dictionnaire historique d'Education. *Paris*, 1771. 2 vol. *in*-8.

348 Réflexions sur la Théorie & la Pratique de l'Education. *Turin*, 1763. *in*-12. br.

349 Plan d'Etude. *Cologne*, 1762. *in*-12.

350 Essai sur l'Education de la Noblesse. *Paris*, 1747. 2 *vol. in*-12.

351 Principes généraux pour l'Education de la Noblesse Françoise. *Paris*, 1763. 3 *vol. in*-12. *br.*

352 Lettres sur l'Education des Princes. *Edimbourg*, 1746. *in*-12.

353 Institution d'un Prince, par Duguet. *Londres*, 1740. 4 *vol. in*-12.

354 Le Prince de Machiavel, traduit par Amelot. *Amsterdam*, 1684. *in*-12.

355 Directions pour la Conscience d'un Roi, par M. de Fénélon. *La Haye*, 1747. *in*-8.

356 Mentor moderne, ou Instruction pour les Garçons & ceux qui les élèvent, par Madame le Prince de Beaumont. *Paris*, 1772. 8 *vol. in*-12. *br.*

357 Magasin des Enfans, par la même. *La Haye*, 1757. 2 *vol. in*-12.

358 Magasin des Adolescentes, par la même. *Londres*, 1760. 2 *vol. in*-12.

359 Instruction pour les jeunes Dames, par la même. *Paris*, 1764. 3 *vol. in*-12.

360 Lettres de Mentor à un jeune Seigneur, trad. de l'Anglois par l'Abbé Prévost. *Londres*, 1764. *in*-12.

361 Plagiats de J. J. Rousseau sur l'Education. *Paris*, 1766. *in*-12. *br.*

362 Science des Personnes de la Cour, par de Limiers. *Amsterdam*, 1723. 4 *vol. in*-12.

363 Institution morale de Picolomini. *Paris*, 1581. *in*-4. *mar.*

364 Della Instituzion morale, di Piccolomini. *In Venetia*, 1582. *in*-4. *mar.*

365 De l'Amitié. *Paris*, 1764. *in*-8. *gr. pap. br.*

366 Conseils de l'Amitié. *Lyon*, 1747. *in*-12.

367 Science du Gouvernement, par de Réal. *Paris*, 1762. 8 *vol. in*-4.

3. 4. 368 Discours sur le Gouvernement, par Sidney. *La Haye*, 1755. 4 *vol. in*-12.

1. 18 369 Du Gouvernement Civil, trad. de l'Anglois de Locke. *Bruxelles*, 1754. — Dissertation sur les Raisons d'établir ou d'abroger les Loix, par M. Formey. *Utrecht*, 1751. *in*-12.

1. 370 Dictionnaire Politique, trad. de l'Allem. *Londres*, 1762. *in*-12. *br.*

3. 10 371 Entretiens de Phocion sur le Rapport de la Morale avec la Politique, par l'Abbé de Mabli. *Amsterdam*, 1763. *in*-12.

4. 19 372 Utopie de Thomas Morus, trad. par Gueudeville. *Amsterdam*, 1730. *in*-12.

373 Véritable Politique des Personnes de qualité, François & Italien. *Strasbourg*, 1764. *in*-12. *br.*

1. 16 374 L'Esprit des Nations. *La Haye*, 1753. *in*-12. 2 *tom.* 1 *vol.*

1. 16 375 Lettres sur l'Esprit du Patriotisme. *Londres*, 1750. *in*-8.

1. 4 376 Essais de Politique & de Morale du Chevalier Bacon. *Paris*, 1734. *in*-12.

377 Des véritables Intérêts de la Patrie. *Rotterd.* 1764. *in*-12. *br.*

2. 378 Principes des Négociations, par M. l'Abbé de Mabli. *La Haye*, 1757. *in*-12.

24. 379 L'Ami des Hommes, ou Traité de la Population, par M. de Mirabeau. *Avignon*, 1756. 4 *vol. in* 4.

2. 19 380 Histoire du Commerce & de la Navigation des Anciens, par Huet. *Lyon*, 1763. *in*-8.

21. 381 Recherches & Considérations sur les Finances de France, par M. de Fourbonnais. *Basle*, 1758. 2 *vol. in*-4.

2. 382. Essais historiques sur les Finances, par Deon de Beaumont. *Amsterdam*, 1753. *in*-12.

2. 8. 383 Mémoires pour servir à l'Histoire générale des Finances, par le même. *Londres*, 1758. *in*-12.

384

384 Remarques sur les Avantages & les Désa-
vantages de la France & de la Grande-Breta-
gne par rapport au Commerce. *Leide*, 1754.
in-12.

385 La Noblesse commerçante, par l'Abbé Coyer,
1756. *in-12.*

MÉTAPHYSIQUE.

386 Recherche de la Vérité, par le P. Malebranche.
Paris, 1762 4 *vol. in-12.*

387 Traité de Morale, par le même. *Rotterdam*,
1694. *in-12.*

388 La Métaphysique, par Cochet. *Paris*, 1753.
in-12.

389 Essai de Métaphysique, par l'Abbé Mey. *Par.*
1756. *in-12.*

390 Entretiens de Cicéron sur la nature des Dieux.
Paris, 1721. 3 *vol. in-12.*

391 Tusculanes de Cicéron, trad. par M. l'Abbé
d'Olivet. *Paris*, 1732. *in-12.*

392 Illustrazione del Parmenide di Platone, da
Ant. Conti. *Venezia*, 1743. *in-4.*

393 Le Phédon de Platon, trad. par Louis Le Roy.
Par. 1553. *in-4.*

394 Systême de l'Ame, par de la Chambre. *Par.*
1664. *in-4.*

395 De l'Immort. de l'Ame, par de Lartigue,
Paris, 1666. *in-4.*

396 Dialogue sur l'Immortalité de l'Ame, l'Exis-
tence de Dieu, la Providence, la Religion. *Par.*
1690. *in-12.*

397 Lettres à un Matérialiste, sur la Nature de
l'Ame. *Paris*, 1753. *in-12.*

398 L'Ame ou le Systême des Matérialistes. *Lau-
sanne*, 1759. *in-12.*

399 Traité de la Nature de l'Ame & de l'origine

de ſes connoiſſances. *Amſt.* 1759. 2 *vol. in-12.*

400 Métaphyſique de l'Ame , ou Théorie des Sentimens Moraux, trad. de l'Angl. *Par.* 1764, 2 *vol. in-12. br.*

401 Recherches philoſ. ſur l'origine des idées que nous avons du Beau & du Sublime. *Par.* 1765. 2 *vol. in-12. br.*

402 Eſſai ſur le Bonheur, par M. Formey. *Berlin,* 1758. *in-12.*

403 Eſſai ſur la Perfection , pour ſervir de ſuite au ſyſtême du vrai Bonheur, par M. Formey. *Utrecht,* 1751. *in-12.*

404 Dialogue des Animaux, ou le Bonheur. *Berlin,* 1763. *in-12. br.*

405 Critique contre la Prévention, par Mde. de Pringy. *Paris,* 1702. *in 12.*

406 Dialogue entre Hylas & Philonoüs , par Berkelei, trad. de l'Angl. *Amſt.* 1750. *in-12.*

407 Traité des Sens, par Le Cat. *Rouen,* 1742. *in-8.*

408 Explication phyſique des Sens , des Idées & des Mouvemens, trad. de l'Angl , par Jurain. *Reims,* 1755. 2 *vol. in-12.*

409 Eſſai ſur l'origine des Connoiſſances humaines, par M. de Condillac. *Amſt.* 1746, *in-12.*

410 Phantaſiologie ou Lettres Philoſophiques ſur la faculté imaginative. *Paris,* 1760. *in-12.*

411 Introduction à la Connoiſſance de l'eſprit humain , par de Vauvenargues. *Paris ,* 1747. 2 *vol. in-12.*

412 La même. *Paris,* 1746. — Eſſai de Philoſophie morale , par de Maupertuis. *Berlin,* 1749. *in-12.*

413 Eſſai Philoſophique concernant l'Entendement humain, par Locke , trad. de l'Angl. par Coſte. *Amſt.* 1742. *in-4.*

414 Abrégé du même, trad. par Boſſet. *Londres ,* 1720. *in-8.*

415 Essai Philosophique sur l'Entendement hu-
main, par M. Hume, trad. de l'Angl. *Amst.*
1758. 2 *vol. in·*12.

416 Traité Philosophique de la Foiblesse de l'Es-
prit humain, par Huet. *Amst.* 1722. *in-*12.

417

418 Le Monde, son Origine & son Antiquité.
Lond. 1751. *in-*12.

419 Traité de la Connoissance des Animaux, par
de la Chambre. *Paris,* 1672. *in-*4.

420 Essai philosophique sur l'Ame des Bêtes. *Amst.*
1737. 2 *vol. in·*12.

421 Les Bêtes mieux connues, par M. l'Abbé
Joannet. *Paris,* 1770. 2 *vol. in·*12.

422 Parallèle de la condition & des facultés de
l'Homme avec celle des autres animaux, par M.
Robinet. *Bouillon,* 1769. *in-*12. *br.*

422*

423 Physique occulte ou traité de la Baguette di-
vinatoire, par de Vallemont. *La Haye,* 1722.
2 *vol. in-*12.

424 Instruction à la France sur la vérité de l'his-
toire de la Roze-Croix, par Naudé. *Paris,*
1623. *in-*12.

425 Le Comte de Gabalis. *Paris,* 1669. *in* 12.

426 Le Monde Enchanté, par Bekker. *Amst.* 1694.
4 *vol. in-*12.

427 La Philosop. occulte de Henr. Corn. Agrippa,
trad. en Franç. *La Haye,* 1727. 2 *vol. in·* 8.

428

429 Histoire du Diable, trad. de l'Angl. *Amst.*
1730. *in* 12.

430 Traité sur la Magie, le Sortilege, les Pos-
sessions, Obsessions & Maléfices. *Paris,* 1732.
*in-*12.

431 Difcours exécrables dès Sorciers, par Boguet. *Paris,* 1603. *in-8.*

432 Les mêmes. *Lyon,* 1610. *in-8.*

433 Apomazar des Significations ou Evènemens des Songes. *Paris,* 1581, *in-8.*

434 Des Spectres ou Apparitions & Vifions d'Ef-prits, Anges & Démons, par le Loyer. *Angers,* 1586. *in-4.*

435 Hiftoire des Diables de Loudun. *Amfterd.* 1716 *in-12.*

436 Hiftoire de la Poffeffion & Converfion d'une Pénitente féduite par un Magicien. — Difcours des Efprits pour entendre & réfoudre la ma-tiere des Sorciers. *Lyon,* 1614 *in-8.*

437 Differtation fur les Apparitions & fur les Re-venans & Vampires, par Calmet. *Paris,* 1746. *in-12.*

438 Secrets du Grand & du Petit Albert. *Colog.* 1722. 2 *vol. in-12.*

PHYSIQUE.

439 Traité de Phyfique, par Rohault. *Par.* 1682. 2 *vol. in-12.*

440 Expériences de Phyfique, par Poliniere. *Par.* 1718. *in-12.*

441 Leçons de Phyfique, par Privat de Molieres. *Paris,* 1739. 4 *vol. in-12.*

442 Inftitutions de Phyfique, par M^e. Duchâtelet. *Paris,* 1740. *in-8.*

443 Entretiens Phyfiques du P. Regnault. *Paris,* 1729. 3 *vol. in-12.*

444 Elémens de Phyfique de s'Gravefande, traduit par de Virloys. *Paris* 1747. 2 *vol. in-8.*

445 Effai de Phyfique, par Muffenbroek, trad. par Maffuet. *Leyden,* 1751. 2 *vol. in-4.*

446 Origine ancienne de la Phyfique nouvelle, par

le P. Regnault. *Paris*, 1734. 3 *vol. in-12.*

447 Programme ou Idée générale d'un Cours de
Physique Expérimentale, par l'Abbé Nollet. *Par.*
1738. *in-12.*

448 Leçons de Physique Expérimentale, par le
même. *Paris*, 1743 *& suiv. 9 vol. in-12.*

449 Réflexions critiques sur le Systême Cartésien
de la Philosophie de Regis, par Duhamel. *Par.*
1692. *in-12.*

450 Observations curieuses sur toutes les parties
de la Physique, par le P. Bougeant. *Paris*, 1726.
2 *vol. in-12.*

451 Les mêmes. *Paris*, 1730. 3 *vol. in-12.*

452 Recueil de différens Traités de Physique &
d'Hist. naturelle, par Deslandes. *Paris*, 1736.
in-12.

453 Manuel Physique, par Dufieu. *Lyon*, 1758.
in-8.

454 Journées Physiques. *Lyon*, 1761. 2 *vol. in-8.*

455 Vue philosoph. de la gradation naturelle des
formes de l'Etre, par M. Robinet. *Amst.* 1768.
in-8. br.

456 Traité de Physique sur la Pesanteur univer-
selle des Corps, par le P. Castel. *Paris*, 1724.
2 *vol. in-12.*

457 Il Newtonianismo per le Dame dal Algarotti.
In Napoli, 1737. *in-4.*

458 Mémoires Historiques & Physiques sur les
Tremblemens de Terre, par Bertrand. *La Haye*,
1757. *in-12.*

459 Histoire des Tremblemens de Terre arrivés
à Lima. *La Haye*, 1752. *in-12.*

460 Le Monde de Descartes, ou le Traité de la
Lumiere. *Paris*, 1664. *in-8.*

461 Théorie des Tourbillons Cartésiens, avec des
réflex. sur l'Attraction. *Paris*, 1752. *in-12.*

1. 18 462 Expériences & Obſervations ſur l'Electricité, par Franklin. *Paris*, 1752. *in-12.*

2. 8 463 Eſſai ſur l'Electricité des corps, par l'Abbé Nollet. *Paris*, 1746. *in-12.*

2. 19 464 Nouvelles Obſervations Microſcopiques, par Needham. *Paris*, 1750, *in 12.*

39. 19 465 Collection Académique. *Dijon*, 1754 & ſuiv. 9 *vol. in-4.*

HISTOIRE NATURELLE.

1. 466 Hiſtoire du Monde de Pline, trad. par Pinet. *Genéve*, 1625. *in-4.*

2. 2 467 Hiſtoire Naturelle de l'Univers, par Colonne. *Paris*, 1734. 2 *vol. in-12.*

21. 19 468 Spectacle de la Nature, par Pluche. *Paris*, 1737. 9 *vol. in-12.*

5. 12 469 Hiſtoire du Ciel, par le même. *Paris*, 1739. 2 *vol. in-12.*

1. 11 470 Principes de la Nature ſuivant les opinions des anciens Philoſophes. *Par.* 1725. 2 *vol. in-12.*

4. 5 471 I Secreti della Iſabella Corteſe. *In Venetia*, 1565. *in-12.*

472 Les Occultes ſecrets de la Nature. *Par.* 1574. *in-12.*

5. 3 473 Secrets & Merveilles de la Nature, par Wecker. *Lyon*, 1653. *in-8.*

1. 6 474 Saggi de Naturali Experienze fatte nell'Academia del Cimento. *In Firenze*, 1667. *in-fol.*

1. 16 475 Curioſités de la Nature & de l'Art, par l'Abbé de Vallemont. *Par.* 1719. *in 12.*

11. 19 476 Hiſtoire Naturelle, Lithologie & Conchyliologie, par M. d'Argenville. *Paris*, 1742. & 1757. 2 *vol. in-4. avec fig. & le ſupplém.*

12. 5 477 Collection de Coquilles, gravées par Regenfus & peintes par Muller. *in fol.*

478 L'Histoire Naturelle, l'Oryctologie, par M.
d'Argenville. *Par.* 1755, *in-*4. *avec fig.*

479 Traité des propriétés & vertus des Eaux Mi-
nérales de Bourbonne, par Juy. *Troyes*, 1728.
*in-*12.

480 Le Vinti Giornate dell' Agricoltura dal Agos-
tino Gallo. *In Venetia*, 1628. *in-*4.

481 Secret de la vraie Agriculture, trad. de l'Ital.
par Belleforest. *Par.* 1581. *in-*4.

482 Mémoires sur les Défrichemens, par M. de
Turbilly. *Par.* 1760. *in-*12.

483 Le Gentilhomme Cultivateur, trad. de l'Angl.
par Dupuy Demportes. *Par.* 1761. 2 *vol. in-*12.

484 L'Agronome Dictionnaire portatif du Culti-
vateur. *Par.* 1760. 2 *vol. in-*8.

485 Jardinier Solitaire. *Par.* 1761. *in-*12. *br.*

486 Observations physiques & pratiques sur le
Jardinage, trad. de l'Angl. de Bradley. *Par.* 1756.
3 *vol. in-*12.

487 Agrém. de la Camp. *Par.* 1752. 3 *vol. in-*12.

488 Dictionnaire Economique, par Chomel. *Par.*
1718. 2 *vol. in fol.*

489 Théorie & Pratique du Jardinage, par d'Ar-
genville. *Par.* 1732. *in* 4.

490 Ecole du Jardin Potager, par M. de Combes.
Paris, 1749. 2 *vol. in-*12.

491 Culture des Jardins, par Liger. *Par.* 1743.
*in-*12.

492 I Discorsi di Matthioli. *In Venetia Valgrisi*,
1568. 2 *vol. in fol. manq. le tom.* 2.

493 Abrégé de l'Histoire des Plantes usuelles, par
Chomel. *Par.* 1739. 3 *vol. in-*12.

494 Le même. *Par.* 1761. 3 *vol. in-*12.

495 Collection des Plantes usuelles, gravées &
imprimées en couleur naturelle, par M. Gautier
Dagoti. *Par.* 1767. *in fol. en feuilles.*

4°. { 496 Leçons de Botanique, par M. Imbert. 1762, *in-12. br.*

{ 497 Le Jardinier Fleuriste, par Liger. *Par.* 1748. 2 vol. *in-12. fig.*

3. 18 498 Le même. *Par.* 1754. *in-12. fig.*

1. 17 499 Ecole du Jardinier Fleuriste. *Paris,* 1764. *in-12. br.*

1. 15 500 Traité des Jacinthes. *Avignon,* 1759. *in-12. br.*

4. 18 501 Traité de la culture des Renoncules, des Œillets, des Auricules & des Tulippes. *Par.* 1754. *in-12.*

502 Traité des Tulippes. *Avignon,* 1760. *in-12. br.*

1. 10 503 Treize Estampes représ. différ. ornemens de Jardins.

3. 19 504 L'Histoire naturelle du Cacao & du Sucre. *Amst.* 1720. *in-12.*

7. 505 Quarante-sept Estampes représ. des Fleurs & Insectes, dont la plus grande partie colorées.

2. 506 Cinquante-neuf Estampes représ. des Fleurs enluminées.

12. 507 Quatre-vingt-neuf Estampes représ. des Fleurs & Insectes, en couleur naturelle.

2. 18 508 Quatre-vingt-neuf Estampes représ. des Fleurs & Insectes, en couleur naturelle.

9. 509 Trente Estampes représ. des Fleurs, gravées par Desmarteaux, & dont la plus grande partie en couleur naturelle.

15. 510 Soixante-dix-sept Estampes représ. des Fleurs, gravées par différ. personnes & enluminées.

18. 511 Trente-huit Estampes représ. des Fleurs découpées, collées sur du papier bleu, & en couleur naturelle.

25. 512 Dictionnaire Raisonné universel d'Histoire Naturelle, par M. Valmont de Bomare, avec le supplém. *Par.* 1764. 6 vol. *in-8.*

204. 513 Histoire Naturelle, générale & particuliere,

avec

avec la description du Cabinet du Roi, par MM.
de Buffon & Daubenton. *Par.* 1750. 17 *vol. in-*4.

514 Lettres à un Américain. *Hambourg*, 1751 &
fuiv. 9 *part.* 4 *vol. in-*12.

515 Recueil de fix cens Oifeaux enluminés d'après
nature, pour fervir à l'hift. des Oifeaux, par
M. de Buffon. 5 *vol. in-*4. *gr. pap.*

516 Hiftoire des Singes & autres Animaux curieux.
Par. 1752. *in-*12.

517 Cinquante-huit Eftampes dont partie eft en-
luminée, repréf. des Oifeaux & Quadrupedes.

518. Differtation fur la génération & la transfor-
mation des Infectes de Surinam, par Mar Sibylle
Merian. *La Haye*, 1726. *in-fol. en feuilles.*
NB. Chaque Eftampe a été découpée, collée
enfuite fur un papier bleu & peinte en couleur
naturelle.

519 Les Planches féparées du précéd. Ouvrage
avec une explication abrégée. *in-fol.*

520 Vingt Planches féparées du même, dont plu-
fieurs font enluminées.

521 Hiftoire des Infectes de l'Europe, par la même,
trad. par J. Marret. *Amft.* 1730. *in-fol. fig. en
feuilles.*

522 La même, avec fig. peintes en couleur natu-
relle. *in-fol.*

523 Nouvelle Conftruction de Ruches de bois,
avec la façon de gouverner des Abeilles, par Pal-
teau. *Metz*, 1756. *in-*12.

524 Obfervations de pluf. fingularités trouvées en
Grece, par P. Belon. *Par.* 1554. *in-*4.

525 Catalogue des Curiofités de Bofnier de la Mof-
fon, par Gerfaint. *Par.* 1744. *in-*12.

526 Catalogue des Bijoux de M. de Fontpertuis,
par le même. *Par.* 1747. *in-*12.

527 Catalogue raifonné des Tableaux de M. de
Tallard, par Remy & Glomy. *Par.* 1756. *in-*12.

MÉDECINE.

528 Statuta Facultatis Medicinæ Parisiensis. *Par.* 1696. *in-12.*

529 Dictionnaire universel de Médécine, trad. de l'Angl. par MM. Dideror, Eidous & Touffaint, revu par M. Buffon. *Par.* 1746. *6 vol. in-fol.*

530 Dictionnaire Médecinal. *Par.* 1758. *in-12.*

531 Difcorfi della Vita Sobria da Luigi Cornaro. *In Parigi*, 1646. *in-24. mar.*

532 De la Sobriété & de fes avantages, trad. de Leffius & de Cornaro. *Par.* 1772. *in-12. br.*

533 Il Teforo della Sanità. *In Venetia*, 1629. *in-12.*

534 L'Ecole de Salerne, avec la traduction en vers François. *Par.* 1749. *in-12.*

535 Dialogue de la Santé. *Par.* 1683. *in-12.*

536 Dictionnaire de Santé. *Par.* 1759. *2 vol. in 8.*

537 Avis au Peuple fur fa fanté, par M. Tiffot. *Lyon*, 1764. *2 vol. in 12.*

538 Méthode aifée pour conferver fa fanté jufqu'à une extrême vieilleffe, par de Préville. *Paris*, 1752. *in-12.*

539 Hiftoire de la Santé & de l'Art de la conferver, par *Mackenzie. La Haie*, 1759. *in-8.*

540 De la Santé, par M. l'Abbé Jaquin. *Paris*, 1762. *in-12. br.*

541 Traités du Caffé, du Thé & du Chocolat, par Dufour. *Lyon*, 1688. *in-12.*

542 Le Livre d'honnête Volupté. *Lyon*, 1588. — Le Livre de Taillevent. *Lyon*, 1580. *in-16.*

543 Le parfait Cuifinier, par de Lune. *Par.* 1668. *in 12.*

544 Traité de Cuifine. *Par.* 1739. *3 vol. in-12.*

545 Cuifine & Office de Santé. *Par.* 1758. *in-12.*

546 Dictionnaire portatif de Cuifine. *Par.* 1767. *in-8. br.*

547 Chymie du Goût & de l'Odorat. *Par.* 1755. 2-19
in-8.

548 Traité raisonné de la Distillation, par Dejean. 1. 4
Par. 1753. *in-*12.

549 Traité des Odeurs, par le même. *Par.* 1764. 1. 5
*in-*12.

550 Dissection des parties du Corps humain, par 2. 6.
Ch. Etienne. *Par.* 1546. *in fol.*

551 Anatomie d'Heister. *Par.* 1724. *in-*8. . . . 1. 10

552 Myologie complette, en couleur & grandeur 80.
naturelle, par M. Gautier. *Par.* 1746. *in-fol. max.*

553 Embellissement & ornement du Corps hu- 1.
main, par Liebaut. *Lyon,* 1595. *in-*12.

554 Traité de la Structure du Cœur, par Senac. 10.
Par. 1749. 2 *vol. in-*4.

555 Médecine Statique de Sanctorius, par Le 4.
Breton. *Par.* 1722. *in-*12.

556 Essai de Médecine Pratique, par Vignon. 3.
Par. 1745. 2 *vol. in-*12.

557 Nouvelles Découvertes en Médecine, par 1.
Marconnay. *La Haye,* 1751. *in* 12.

558 Histoire Naturelle de l'Homme considéré dans 3. 5
l'état de maladie, par M. Clerc. *Paris,* 1767.
2 *vol. in* 8.

559 La Nature opprimée par la Médecine mo- 1. 6
derne, par Guindant. *Par.* 1768. *in-*12. *br.*

560 Brigandage de la Médecine, par Hecquet. 1. 11.
Utrecht, 1732. *in-*12.

561 Secreti Medecinali di Pietro Bairo Daturino. 1. 11.
In Venetia, 1563. *in-*12.

562 De' Secreti del Alessio Piemontese. *In Venetia,* 1. 15.
1639. *in-*8.

563 Secret de retarder la vieillesse. *Paris,* 1668. 9.
in 12.

564 Recueil de Secrets & Curiosités, par Lémery. 3. 12.
Amst. 1697. 2 *vol. in-*12.

E ij

2. 8 565. L'Albert moderne, ou nouv. Secrets éprouvés & licites. *Par.* 1768. *in-*12.

3. 19 566. Nouveaux Secrets expérimentés pour conserver la beauté des Dames. *La Haye,* 1715. *in-*12.

3. 6 567. Abdeker, ou Art de conserver la beauté. 2 *tom.* 1 *vol. in-*12.

3. 568 Le Medecine' Partenenti alle infermita delle Donne, da Gioy. Marinello. *In Venetia,* 1574. *in-*12.

569 Essai sur la maniere de perfectionner l'Espece humaine, par Vandermonde. *Par.* 1756. 2 *vol. in-*12.

1. 10 570 Regnerus de Graaf, de Mulierum organis generationi inservientibus. *Lugd. Batav.* 1672. *in-*12.

3. 571 Génération de l'Homme, ou Tableau de l'Amour conjugal, par Venette. *Cologne,* 1722. 2 *vol. in-*12.

1. 16 572 Nouveau Système sur la génération de l'Homme & celle de l'Oiseau, par de Launay. *Paris,* 1726. *in-*12.

1. 10 573 De l'Homme & de la Reproduction des différens Individus, par M. Panckoucke. *Paris,* 1761. *in-*12.

1. 17 574 Venus Physique, par de Maupertuis. *Berlin,* 1748. *in-*24.

2. 8 575 Dissertation Physique à l'occasion du Negre blanc, par le même. *Leide,* 1744. *in-*12.
— Amusemens Philosoph. sur le Langage des Bêtes, par le Pere Bougeant. *Paris* 1739. *in-*12.

5. 19 576 De l'Egalité des deux Sexes. *Paris,* 1679. *in-*12.

4. 12 577 Essai Physique sur l'Œconomie animale, par Quesnay. *Paris,* 1747. 3 *vol. in-*12.

4. 578 Le Chirurgien Dentiste, par Fauchard. *Paris,* 1728. 2 *vol. in-*12.

1. 10 579 Méthode pour connoître le Pouls par les

Notes de la Musique, par Marquet. *Paris*, 1769. *in*-12. *br.*

580 Traité de Médecine spéciale d'Ettmuller. *Lyon*, 1691. *in*-8.

581 Traité des Maladies, & des Remèdes propres à les guérir, par Helvetius. *Paris*, 1734. 2 *vol. in*-12.

582 Traité-Pratique de la Goutte, par Coste. *Amsterdam*, 1757. *in*-8. *br.*

583 Méthode pour guérir les Maladies Vénériennes, par Bouez de Sigogne. *Paris*, 1724. *in* 12.

584 Traité des Vapeurs, par M. Pomme. *Lyon*, 1767. *in*-8.

585 Relation du succès de l'Inoculation de la petite Vérole dans la Grande-Bretagne, trad. par Noguez. *Paris*, 1724. *in*-12.

586 Dissertation sur l'Incertitude des Signes de la Mort, par Bruhier. *Paris*, 1759. 2 *vol. in*-12.

587 Traité de la Transpiration des humeurs. *Paris*, 1682. *in*-12.

588 Médecine de l'Esprit, par le Camus. *Paris*, 1753. 2 *vol. in*-12.

589 Histoire des Drogues, &c. qui naissent ès Indes & en l'Amérique. *Lyon*, 1619. *in*-8.

590 Traité universel des Drogues simples, par Lémery, *avec fig. Paris*, 1714. *in*-4.

591 Pharmacopée universelle, par Lémery. *Paris*, 1738. *in*-4.

592 Le Pharmacien moderne, trad. de l'Anglois. *Paris*, 1750. — Art de conserver les Dents, par Gerauldi. *Paris*, 1738. *in*-12.

593 Elémens de Pharmacie, Théorique & Pratique, par M. Baumé. *Paris*, 1762. *in*-8.

594 Médecine & Chirurgie des Pauvres. *Paris*, 1743. *in*-12.

595 Recueil de Remèdes faciles & domesti-

ques, par les ordres de Mad. Fouquet. *Par.* 1750. 2 *vol. in-*12.

1". 4.596 Le Meſſager de la Vérité, contenant la Compoſition d'un Remède ſpécifique pour toutes ſortes de maux. *Auſbourg*, 1723. *in-*12.

2. 7 597 Erreurs populaires ſur la Médecine, par Joubert. *Bourdeaux*, 1578. *in-*12.

2. 5 598 Cours de Chymie, par Lémery. *Paris*, 1713. *in-*8.

599 Albinei Bibliotheca Chemica. *Genéve*, 1653. *in-*12.

1.15 600 Traité de la Chymie, par Lefebvre. *Paris*, 1669. *in-*12.

601 La Chymie charitable & facile en faveur des Dames. *Paris*, 1674. *in* 12.

1.16 602 Il Triompho delli Acidi di Martino Poli. *In Roma*, 1706. *in* 4.

2. 19 603 Recueil ſur l'Electricité médicale. *Paris* 1752. 2 *vol. in-*2.

4.16 604 Hiſtoire de la Philoſophie hermétique, par l'Abbé Lenglet. *Paris*, 1742. 3 *vol. in-*12.

MATHÉMATIQUES.

2. 10 605 Abrégé des Elémens de Mathématiques, par M. Rivard. *Paris*, 1744. *in-*8.

5. 606 Recueil de pluſieurs Traités de Mathématiques de l'Académie Royale des Sciences. *Paris*, 1676. *in foio.*

2. 607 Entretiens Mathématiques, par le Pere Regnault. *Paris*, 1743. 3 *vol. in* 12.

14. 19 608 Récréations Mathématiques & Phyſiques, par Ozanam. *Paris*, 1725. 4 *vol. in-*8.

609 L'Arithmétique en ſa perfection, par Legendre, 1663. *in-*4.

1. 610 L'Arithmétique de Simon Srevin ; par Girard. *Leide*, 1725. *in* 8.

611 L'Arithmétique rendue facile. *Paris*, 1725. *in-*12.

612 L'Arithmétique rendue sensible, par Foys
de Vallois. *Paris*, 1748. *in-8.*
613 Comptes Faits de Barême. *Paris*, 1723. *in* 12.

614 Elémens d'Euclide, par le P. Dechalles. *Par.*
1690. *in-12.*
615 Géométrie élément. d'Euclide, par Gallimard.
Paris, 1749. *in-12. br.*
616 Pratique de la Géométrie sur le papier &
sur le terrein, par Leclerc. *Paris*, 1682. *in-12.*
617 Pratique de la Géométrie, par le même.
Paris, 1716. *in-12.*
618 Traité de Géométrie, Théorique & Pratique
à l'usage des Artistes, par le même. *Paris*,
1744. *in-8.*
619 Ouvrages de Géométrie par le P. Pardies.
Lyon, 1725. *in-12.*
620 Géométrie - pratique, par Ozanam. *Paris*,
1736. *in-12.*
621 L'Art d'évaluer toute sorte de toises, par
Le Dot. *Paris*, 1690. *in-12*
622 Méthode pour arpenter toutes sortes de Su-
perficies, par Ozanam. *Paris*, 1725. *in-12.*
623 L'Usage du Compas de proportion, par
Henrion. *Rouen*, 1680. *in-12.*
624 Méthode de lever les Plans & les Cartes,
par Ozanam. *Paris*, 1716. *in-12.*
625 Traité de l'Usage du Penthomètre, par
Bullet. *Paris*, 1675. *in-12.*
626 Trigonométrie, Rectiligne & Sphérique,
par Ozanam. *Paris*, 1741. *in-8.*
627 Tables des Sinus, Tangentes & Sécantes,
par le même. *in-8.*
628 Traité complet de Trigonométrie, par Au-
dierne. *Paris*, 1756. *in-8.*
629 Elémens & Principes d'Astronomie, par
Rouffat. *Paris*, 1552. *in-12.*
630 Aratæa, five figna Cœleftia, in quibus

Astronomicæ speculationes ob oculos ponuntur. *Amstelodami*, 1621. *in folio.*

631 Tables Astronomiques du Comte de Pagan. *Paris*, 1681. *in-4.*

632 Nouvelle Théorie des Planetes, par Durret. *Paris*, 1635. *in-4.*

633 Théorie des Planetes, du Comte de Pagan. *Paris*, 1657. *in 4.*

634 Pensées Diverses sur la Comete, par Bayle. *Rotterdam*, 1721. 4 *vol. in-12.*

635 Ragionamenti sù la pluralità de'Mondi dal Signor Fontenelle. *Parigi*, 1748. *in-12.*

636 Sphæra Joan. de Sacro-Bosco. *Lugduni Batav.* 1656. *in-12.*

637 Annotationi sopra la Lettione della sperà del Sacro-Bosco. *In Firenze.* 1550. *in-4.*

638 Junctini Comment. in Sphæram Joan. de Sacro-Bosco. *Lugduni*, 1577. *in-8.*

639 Christoph. Clavii, in Spheram Joan. de Sacro-Bosco Commentarius. *Colon. Allobrog.* 1608. *in-4.*

640 Essai de Cosmologie, par de Maupertuis. *Paris*, 1751. *in-12.*

641 Almanacco perpetuo da Rutilio Benincasa Cosentino. *In Ancona*, 1653. *in-4.*

642 Argoli Ephemerides Cœlestium motuum ab anno 1641 ad 1700, 1715, 1725. *Lugd.* 1677. 4 *vol. in-4.*

643 Connoissance des Temps. *Paris*, 1730 à 1734, 1744, 1746 *jusqu'à* 1770. 31 *vol. in-8.*

644 La Gnomonique, par Ozanam. *Paris*, 1720. *in-8.*

645 Traité d'Horlogiographie, par la Magdeleine. *Lyon*, 1691. *in-12.*

646 Art de conduire & régler les Pendules & les Montres, par M. Berthoud. *Paris*, 1759. *in-12. br.*

647 Onze Estampes repréf. différentes vûes de 2 . 3
Vaiſſeaux.

648 Confidérations fur la Marine Militaire de
France. *Londres*, 1756. — Obſervations fur la
Nobleſſe & le Tiers-Etat. *Amſterdam*, 1758.
— Queſtions fur la Tolérance. *Genêve*, 1758. 3 . 3
in-12.

649 L'Incrédulité & Meſcréance du Sortilege
pleinement convaincu, par de l'Ancre. *Paris*,
1622. *in* 4.

650 Traité Aſtrologique des Jugemens fur les 5 . 4
accidens qui arrivent à l'Homme après fa
naiſſance. *Paris*, 1657. *in*-8.

651 L'Uranie de Bourdin. *Paris*, 1640. *in*-12.
652 La Géomance de Chriſtophe de Cattan. *Paris*, 2 . 19
1558. *in*-4.

653 Le Pimandre de Mercure Triſmégiſte, par
Defoix. *Bordeaux*, 1559. *in-folio*.

654 Les Œuvres de Belot fur la Chiromance,
1640. *in*-8.   1 . 10
655 Traité de Chiromance & de la Phiſionomie,
par Belot, 1688. *in*-8.

656 Secrets de Noſtradamus. *Lyon*, 1555. *in*-18. 12
657 Les vraies Centuries & Prophéties de Mi- 33
chel Noſtradamus. *Amſt*. 1668. *in*-12. *mar. r.*
658 Prophéties perpétuelles de Thomas-Joſeph 11
Moult. *Paris*, 1741. *in*-12.
659 L'Onirocrite Muſſulman, ou la Doctrine en 11
interprétation des Songes felon les Arabes,
par Vattier. *Paris*, 1664. *in*-12.
660 La Science curieuſe, ou Traité de la Chi- 2
romance. *Paris*, 1665. *in*-4.
661 Della Philoſophia naturale, di Piccolomini.
In Venetia, 1685. *in*-4.
662 Philoſophie naturelle d'Arteſius, Flamel 1 . 4
& Syneſius. *Paris*, 1682. *in*-4.
663 La Géomancie & Nomancie des Anciens,
par Salerne. *Paris* 1669. *in*-12.   F

664 Géomancie Aftronomique de Gerard de Cre-
mone, trad. par de Salerne. *Paris*, 1687. *in*-12.

665 Le Livre de la Chyromance, de la Phyfiono-
mie & de la Géomance. *in*-4.

666 La Fifonomia dell'Huomo & la celefte da
Giov. Bat. dalla Porta. *In Venetia*, 1652. *in*-8.

667 La Chiromance & Phyfionomie par le regard
des membres de l'Homme, par Dumoulin.
Rouen, 1638. *in*-12.

668 La Chiromancie naturelle de Rouphyle. *Par.*
1665. *in*-12.

669 Traité d'Optique méchanique, par Thomin.
Paris, 1749. *in*-8.

670 La Lumiere, par de la Chambre. *Par.* 1662.
in-4.

671 Traité de Perfpective, par Deidier. *Paris*,
1744. *in*-4.

672 De la nature des Sons, par Merfenne. *Par.*
1635. *in-fol.*

673 Traité de la Conftruction & des principaux
ufages des Ihftrumens de Mathématiques, par
Bion. *Par.* 1725. *in*-4. *fig.*

674 Defcriptions & Ufages de plufieurs Microfco-
pes, par Joblot. *Paris*, 1718 *in*-4.

MUSIQUE.

675 Hiftoire de la Mufique & de fes effets. *Amft.*
1725. 2 *vol. in*-12.

676 Différentes Méthodes de Mufique, par l'Af-
fillard, Dupont, Demoz, Bordet. *in*-4. *& in*-8.
rel. & br.

677 Elem. de Mufique Théor. & Prat. fuivant les
principes de Rameau, par M. d'Alembert. *Par.*
1752. —— Difcours fur l'Harmonie, par Rameau.
Par. 1737. *in*-8. *br.*

678 Traité des Regles pour la Compofition de la

Mufique , par Maſſon. *Par.* 1705. *in-*8. *br.*

679 La Mufique rendue fenſible par la Mécanique. 3
Par. 1759. *in-*8. *br.*

680 Œuvres de Montclair, *ſavoir*, Méthode & 3
Principes de Mufique, Jephté. 2 *vol. in-fol.* &
*in-*4. *grav. br.* & *rel.*

681 Recueil de Pieces pour & contre la Mufique 6. 19
Françoife. *in-*8.

682 Lettre ſur les Bouffons. —— Jugem. de l'Orch. 5
de l'Opéra. —— Lettre au Public par le Roi de
Pruſſe. —— La Paix de l'Opéra, ou Paralèlle de
la Mufique Françoife & Italienne. —— Conſtitu-
tion du Patriarche de l'Opéra. —— Lettre d'un
Académ. de Bordeaux ſur les fonds de la Mu-
fique. —— Réponſe d'un Académicien de Rouen à
la Lettre précédente. —— Ce qu'on a dit & ce
qu'on a voulu dire. —— Ce que l'on doit dire.
1753. *in-*12.

683 Trente-un Opéras, par différens Auteurs. (les 1. 4
paroles ſeulement.) *in-*4. *br.*

684 Vingt-un Opéras en Mufique imprimée , par 7
différens Auteurs. *in-fol.* & *in-*4.

685 Douze Opéras de Lully imprimés. *in-fol.* & 5
*in-*4.

686 Opéras de Lully , *in-fol.* gravés , *ſavoir :* 7
Amadis, Armide, Atys, Bellerophon, Phaë-
ton , Roland , Théſée.

687 Neuf Opéras de Campra, *grav.* & *imprim.* 3
*in-*4.

688 Huit Opéras de Deſtouches, *grav.* & *imprim.* 3
*in-*4.

689 Fêtes de Thalie, Amours des Dieux, Triom- 3
phe des Sens, par Mouret. 3 *vol. in-*4. *grav.* &
imprim.

690 Amaſis. *Paris* , 1728. —— Veillées de Theſ- 1. 8
ſalie. *Paris*, 1731.—— Mitima. *La Haye*, 1745.
*in-*12.

691 Zaïde, par M. Royer. *in-fol. grav.*

692 Æglé, par de la Garde ; l'Année Galante, par Mion ; Triomphe de l'Harmonie, par Grenet. 3 *vol. in-4. grav.*

693 Caractères de la Folie, par de Bury, *in-fol. gr.*

694 Opéras de Rameau. *grav. in-fol. & in-4.* savoir : Fêtes d'Hébé, l'Hymen & l'Amour, Indes Galantes, Hippolyte & Aricie, Pigmalion, Platée, Zaïs.

695 Sept Opéras de MM. Rebel & Francœur. *in-4. grav. rel. & br.*

696 Amour de Ragonde, le Jaloux corrigé, le Devin du Village. *in-4. grav. br.*

697 Motets de Delalande, Sonates & Noëls en quatuor, par Boismortier. *in-fol. grav. br.*

698 Stabat Mater de Pergoleze.—Premier Recueil de Chansons, par M. Albanese. *in-4. br.*

699 Pieces de Clavecin, par Rameau. *in-fol. & in-4. br.*

700 Pieces de Clavecin, par Couperin. 5 *vol. in-fol. grav.*

701 Trios pour la Basse & le premier & le second-dessus, par Quantz, Braun, Nodot, Boismortier, Chedeville, & Corrette. 3 *vol. in-4. grav.*

702 Pieces pour la Flûte, par Hotteterre. 2 *vol. in-4. grav.*

703 Neuf Livres de Sonates à Violon seul, par Senallié.—Deux, par Aubert. 2 *vol. in-fol. grav.*

704 Sonates & autres Œuvres de Corelli. 6 *vol. in-4. grav.*

705 Solo, Duo, Trio & Brunettes de Flûte, par Blavet, Teleman, Roget, Quantz, l'Œillet de Gant, Bourgoin, Cadet, Fesch, Aubert, Braun, Naudot, Groneman, Windling, Atys, Blainville, Devenet, Händel, Chinzer, Somis, Delalande, Lavaux, Paganelli, d'Othel, Cheron, Boismortier, Tifano, Guignon, Derochet. 10 *vol. in-4. grav.*

706 Recueil d'Airs avec accompagnement, par 5.
Bordet, Granier, Mahaut, Naudé, Taillard
aîné. *in-4. grav. br.*

707 Sonates en solo, duo & trio, par Naudot, 2.
Saint-Martin, Quentin, Dornel, Chamborn,
Delabarre, Guerini, Bordet, Riether, Guille-
mant, Quantz. *in-fol. & in-4. grav. br.*

708 Neuf Livres de Sonates, par Mascitti. 3 vol. 3.
in-fol. grav.

709 Sonates de Teleman. *in-4. grav. br.* 2. 10

710 Recueil de Cantates, par différ. Auteurs. *in-fol.*
& in-4. grav. & impr. rel. & br.

711 Concertos, par Handel. *in-4. grav. br.* 3. 2

712 Recueils de Blavet, Corrette, & d'Ant. Guido. 2.
in-4. grav. br.

713 Dictionnaire Lyrique portatif. *Paris*, 1764. 7. 6
2 *vol. in-8. br.*

714 Recueil d'Airs sérieux & à boire. 21 *vol.* 9.
in-4. impr.

715 Recueil de Brunettes, Parodies, & autres 3. 6
Chansons. *Par.* 1704. 9 *vol. in-12.*

716 Recueil de Chansons. *La Haye*, 1731. 8 *vol.* 4. 10
in-12.

717 Chansonnier François. *Paris*, 1760. 15 *vol.* 16.
in-12. br.

718 Choix de Chansons, par M. de Montcrif. *Par.* 4.
1757. *in-12.*

A R T S.

719 Encyclopédie, ou Dictionnaire raisonné des 482.
Sciences, des Arts & des Métiers, par une So-
ciété de Gens de Lettres, avec la souscription.
Par. 1751. 10 *vol. in fol. avec fig. br.*

720 Réflexions d'un Franciscain sur les trois Vo- 1. 9
lumes de l'Encyclopédie. *Berlin*, 1754. *in-12.*

721 Préjugés légitimes contre l'Encyclopédie, par 7. 10
Chaumeix. *Par.* 1759. 8 *vol. in-12.*

722 Description des Arts & Métiers, par MM. de l'Académie des Sciences. *in fol. br. 44 cahiers. avec fig.*

723 Traité des Chiffres ou Secrette maniere d'écrire, par Blaise de Vigenere. *Par. 1586. in 4.*

724 Epreuve du premier Alphabet droit & penché, gravé par Luce. *Par. 1740. in 32.*

725 Maniere de graver à l'eau-forte & au burin, par Bosse. *Par. 1745. in-8.*

726 Regles du Dessin & du Lavis, par Buchotte, *Par. 1743. in 8.*

727 Principes du Dessin, par Séb. Leclerc.

728 Cours de Peinture, par de Pilles. *Par. 1708.*

729 L'Art de peindre, Poëme, par M. Watelet. *Par. 1760. in 12.*

730 Traité de Miniature. *Par. 1674. in-12.*

731 Ecole de Miniature. *Par. 1766. in 12. br.*

732 Explication des Tableaux de la Gallerie de Versailles & de ses deux Sallons. *Versailles*, 1687. *in-4. mar.*

733 Douze Estampes enlum. pouvant servir à coller sur des écrans.

734 Seize Morceaux de différ. grandeurs de papier de soie de la Chine, représ. des Hommes, Fleurs, &c. pouvant servir à coller dans un Cabinet.

735 Hommes, Chevaux & Paysages, gravés par Séb. Le Clerc.

736 Recueil d'Estampes, gravées par Israel, Silvestre, Mariette & autres. 2 *vol. in-4.*

737 Différens Paysages.

738 Plusieurs Estampes gravées en maniere noire.

739 Recueil de plusieurs Jeux d'Enfans Chinois, dessiné par Pillement, gravé par Canot.

740 Vingt-six Têtes, gravées en couleur d'après Vanlo, Eisen, &c.

741 Trente-cinq Planches représ. des vues de différ. Edifices, Jardins, &c.

742 Recueil d'Estampes d'après les plus beaux Ta- 186#
bleaux & d'après les plus beaux Dessins qui sont
en France, vulgairement appellé Recueil de Cro-
zat. *Par.* 1729 *&* 1742. 2 *tom.* 1 *vol. in fol.*

743 Alm. Iconologique, avec fig. par Gravelot, 6·19
années 1764, 1766, 1769, 1770. *in-*24. *m.*

744 Entretiens sur les Vies & sur les Ouvrages des 8·16
plus excellens Peintres & Architectes, par Féli-
bien. *Trévoux,* 1725. 6 *vol. in* 12.

745 Secrets concernant les Arts & Métiers. *Par.* 6·10
1724. 4 *vol. in* 12.

746 Regles des cinq Ordres d'Architecture, par⎤
Vignole. *in·*4 *br.*   ⎬ 3·3
747 Stratagêmes de Guerre, recueillis par Carlet⎦
de la Roziere. *Par.* 1756. *in-*12.

748 Sept Plans de différ. Batailles.   1·19
749 Vingt Figures enlum. tirées des Rêveries du 4·6
Maréchal de Saxe, représ. les habillemens mi-
litaires.

750 Traité Historique de la Danse, par de Ca- 3·2
husac. *La-Haye,* 1754. 3 *vol. in·*12.

751 Oracles des Sybilles, par Commieres. *Par.* 2·19
1698. *in·*12.

752 Académie Universelle des Jeux. *Par.* 1730. 1·12
*in-*12.

753 Jeu de Reversis. 1763. *in* 12. *br.*   4·
754 Regles du Médiateur. *Par.* 1752. *in.*12. ⎤
755 Le grand Trictrac. *Par.* 1756. *in-*8. *br.* ⎬ 2·18
756 Traité du Jeu du Whisk, par Edmond Hoyle, ⎦
trad. de l'Angl. *Par.* 1764. *in* 24.

BELLES-LETTRES.

GRAMMAIRES ET DICTIONNAIRES.

757. MANIERE d'enseigner & d'étudier les Belles-Lettres, par Rollin. *Paris*, 1732. 4 *vol. in*-12.

758. Essai sur les moyens de rétablir les Sciences & les Lettres en Portugal & en France. *Paris*, 1762. *in*-12. *br.*

759. Cours de Belles-Lettres, par M. l'Abbé Batteux. *Paris*, 1750. 4 *vol. in*-12.

760. Nouveaux Systêmes pour apprendre les Langues, par de Vallange. *Paris*, 1719. *in*-12.

761. Maniere d'apprendre les Langues, par M. l'Abbé de Radonvilliers. *Paris*, 1768. *in*-8.

762. Lexicon Tetraglotton, an English-Franc-Italian-Spanish. *London*, 1660. *in-fol.*

763. Méthode pour apprendre facilement la langue Latine, par MM. de Port-Royal. *Paris*, 1769. *in*-8.

764. Abrégé de la même. *Paris.* 1704. *in*-12.

765. Exposition d'une Méthode raisonnée pour apprendre la langue Latine. — des Tropes, par Dumarsais. *Paris*, 1722. *in*-8.

766. Conversations latines expliquées par Bruxelle. *Paris*, 1760. *in*-8. *br.*

767. Dictionarium Universale Latino - Gallicum, autore Boudot. *Paris*, 1740. *in*-8.

768. Dictionnaire François & Latin, par le P. Joubert. *Lyon*, 1725. *in*-4.

769. Remarques sur la langue Françoise, par Vaugelas, avec les Notes de T. Corneille. *Amst.* 1690. 2 *v. in*-12.

770. Les mêmes avec les Notes de Patru. *Paris*, 1738. 3 *vol. in*-12.

771.

771. Réflexions ou Remarques Critiques fur l'u-
sage préfent de la langue Françoife. *Paris,*
1692. *in-*12.

772. Traité de la Grammaire Françoife. *Paris,*
1569. *in-*12.

773. Grammaire Françoife, par le P. Chiflet.
Paris, 1710. *in-*12.

774. Vrais Principes de la langue Françoife, par
l'Abbé Girard. *Paris,* 1747. 2 *vol. in-*12.

775. Synonymes François, par l'Abbé Girard.
Paris, 1740. *in-*12.

777. Principes généraux & raifonnés de la Gram-
maire Franç. par Reftaut. *Paris,* 1730. *in-*12.

778. Principes généraux & particuliers de la langue
Françoife, par M. de Wailly. *Paris,* 1763. *in-*12.

779. Orthographe Françoife. *Paris,* 1709. *in-*12.

780. Méthode pour apprendre l'orthographe & la
langue Françoife, par Jacquier. *Par.* 1751. *in-*8.

781. Dictionnaire Etymologique, par Menage.
Paris, 1750. 2 *vol. in-fol.*

782. Dictionnaire François & Latin, par Ant.
Furetiere. *Trévoux,* 1721. 6 *vol. in-fol.*

783. Dictionnaire de l'Académie Françoife. *Paris,*
1762. 2 *vol. in-fol.*

784. Dictionnaire portatif de la Langue Françoife,
par Richelet. *Lyon,* 1756. *in-*8.

785. Dictionnaire d'Elocution Françoife. *Paris,*
1769. 2 *vol. in-*8.

786. Manuel Lexique, par l'Abbé Prevoft. *Paris,*
1750. *in-*8.

787. Dictionnaire des Prétieufes, par de Saumaize.
Paris, 1661. 2 *vol. in-*12.

788. Dictionnaire Néologique, par l'Abbé Des-
fontaines. *Amft.* 1750. *in-*12.

789. Dictionnaire Critique, Satyrique, Comique,
& Burlefque, par le Roux. *Lyon,* 1735. *in-*8.

G

790. Etymologie ou Explication des Proverbes François, par Fleury de Bellinges. *la Haye,* 1656. *in-12.*

791. Dictionnaire des Proverbes François, par Panckoucke. *Paris,* 1748. *in-12.*

792. Della Lingua Toscana di Benedetto Buommattei. *in Verona,* 1729. *in-4.*

793. Le Maître Italien, par Veneroni. *Paris,* 1720. *in-12.*

794. Grammaire Italienne, par Antonini. *Paris,* 1728. *in-12.*

795. Méthode Italienne, par M. Bertera. *Paris,* 1747. *in-12.*

796. Leçons Hebdomadaires de la langue Italienne, par M. l'Abbé Bencirechi. *Paris,* 1772. *in-12 br.*

797. Vocabolario degli Accademici della Crusca, *in Venezia,* 1724. *2 vol. in-4.*

798. Dictionnaire Italien & François, par Duez. *Genève,* 1664. *2 vol. in-8.*

799. Dictionnaire Italien & François, par Veneroni. *Paris,* 1710. *in-4.*

800. Grammaire Angloise - Françoise, par Miege & Boyer. *Paris,* 1745. *in-12.*

801. Grammaire Angloise, par Lavery. *Paris,* 1752. *in-12.*

802. Méthode générale de la langue Angloise, par M. Berry. *Paris,* 1762. *in-8.*

803. Prononciation de la langue Angloise, par Flint. *Paris,* 1754. *in-12.*

804. Dictionnaire Anglois-François, & François-Anglois, par Boyer. *Londres,* 1747. *in-8.*

805. Grammaire Françoise & Allemande. *Stockholm.* 1729. *in-12.*

806. Grammaire Espagnole & Françoise, par Sobrino, *Bruxelles.* 1703. *in-12.*

807. Rhétorique d'Aristote, par Caffandre. *Amft.* 2 - 6
1698. *in-12.*

808. Philippiques de Demofthène, traduites par 2 . 11
Tourreil. *Paris,* 1701. *in-4.*

809. M. Tullii Ciceronis Opera. *Lugd. Batavor.* 8 . 2
Elzevir, 1742. 10 *vol. in-12. mar. r.*

810. Œuvres de Ciceron, traduites par du Ryer. 11 - 17
Paris. 1670. 12 *vol. in-12.*

811. Cauffinus de Eloquentiâ Sacrâ & Humanâ. 1 . 13
Lutetiæ Parifiorum 1630. *in-4.*

812. Effai de Rhétorique Françoife à l'ufage des 1 . 17
Demoifelles, par M. Gaillard. *Par. 1746. in-12.*

813. Recueil des Oraifons Funebres de Boffuet. 2 . 8
Paris, 1743. *in-12.*

814. Diverfes Oraifons Funebres, & différentes
pieces fur les naiffances des Princes & la con-
valefcence du Roi. *in-4.*
⎱ 6 . 4
815. Recueil de Panégyriques & d'Oraifons Fu-
nebres. *in-4. & in-8. br.*

816. Œuvres Pofthumes de Glatigny. *Lyon,* 1757. 1 . 5
in-12.

817. Difcours prononcés dans l'Académie Fran- 3 . 13
çoife, depuis 1720 jufqu'à 1761. *Paris,* 1720.
in-4.

POETES GRECS ET LATINS.

818. Réflexions Critiques fur la Poéfie & fur la 7 .
Peinture, par l'Abbé Dubos. *Paris,* 1740. 3 *vol.*
in-12.

819. Difcours fur la Poéfie Lyrique. *Paris,* 1761.
in-12. br.

820. L'Iliade d'Homero, tradotta per Paolo la 1 .
Badeffa. *in Padoa,* 1564. *in-4.*

821. The Iliad of Homer, by Pope. *London,* 1720. 4 . 12
2 *vol. in-12.*

822. Poéfies d'Anacréon & de Sapho, traduites par le Fevre. *Lyon*, 1696. *in-12.*

823. Le Poefie d'Anacreonte, tradotte in verfo Tofcano, *in Parigi*, 1693. *in-8.*

824. Plutus & les Nuées d'Ariftophane, par le Fevre. *Paris*, 1684. *in-12.*

825. Idilles de Bion & de Mofchus, traduites en vers François. *Lyon*, 1697. *in-12.*

826. Pub. Terentii Comædiæ, ex recenfione Heinfianâ. *Amft.* 1661. *in-12.*

827. Térence, traduit par de Marolles. *Paris*, 1669. 2 *vol. in-8.*

828. Le même, traduit par M^{de} Dacier. *Amft.* 1717. 3 *vol. in-12.*

829. Lucrece, de la nature des chofes, trad. par Defcoutures. *Paris*, 1708. 2 *vol. in-12.*

830. Di Tito Lucrèzio Caro, tradotto da Aleff. Marchetti con figure. *in Amfterdamo*, 1754. 2 *vol. in-8. mar. r. pap. d'Holl.*

831. L'Anti-Lucrece, par le Cardinal de Polignac, trad. par de Bougainville. *Paris*, 1749. 2 *vol. in-8.*

832. Catulle, traduit par de Marolles. *Paris*, 1653. *in-8.*

833. Properce, trad. par le même. *Par.* 1654. *in-8.*

834. Œuvres de Virgile, traduites par Desfontaines. *Paris*, 1743. 4 *vol. in-12.*

835. Les mêmes, traduites par M. Lallemant. *Paris*, 1746. 4 *vol. in-12.*

836. Les mêmes, traduites en vers François, par Monchault. *Rouen*, 1608. 2 *vol. in-12.*

837. L'Enéide de Virgile, traduite en Vers François. *Paris*, 1648. *in-4.*

838. Géorgiques de Virgile, traduites en vers Franç. par M. Delille. *Par.* 1770. *in-8. gr. pap.*

839. L'Eneide di Virgilio, del Commendatore Annibal-Caro. *In Venetia*, 1592. *in-4.*

840. The Works of Virgil, tranflated in to En- 6 . 12
glish verfe, by Dryden. *London*, 1748. 3 *vol.*
in-12.

841. Virgile Travefti en vers burlefques, par 3 . 10
Scarron. *Paris*, 1715. 2. *vol. in*-12.

842. L'Eneide Traveftita, del Gio Battifta Lalli. 1.
in Venetia, 1635. *in*-12.

843. Q. Horatii Flacci Opera omnia. *Sedani*, 2 . 10
1627. *in*-32. *mar.*

844. Eadem. *Parifiis*, è Typographiâ Regiâ, 13 . 9
1733. *in*-32.

845. Œuvres d'Horace, traduites par le P. Tarte- 1 . 11
ron. *Paris*, 1685. *in*-12. *mar.*

846. Les mêmes. *Paris*, 1713. 2 *vol. in*-12. 2.

847. Les mêmes; traduites par de Martignac.
Paris, 1697. 2 *vol. in*-12.
                                                    4 . 6
848. Les mêmes, trad. par M. Batteux. *Paris*,
1750. 2 *vol. in*-12.

849. Les mêmes en vers François. *Paris*, 1752. 13 . 10
5 *vol. in*-12. *pap. d'Holl. mar. r.*

850. L'Opere d'Horatio, commentate da Giov. 2 . 14
Fabrini da Fighine. *in Venetia*, 1669. *in*4.

851. Art d'aimer d'Ovide, traduit par de Ma- 3.
rolles. *Paris*, 1660. *in*-8.

852. Le même en vers François. *Paris*, 1666. 1 . 10
in-12.

853. Le même. *Amft.* 1751. *in*-12. 3.

854. Métamorphofes d'Ovide, traduites en Fran- 4.
çois. *Paris*, 1622. *in-fol.*

855. Les mêmes, trad. par du Ryer. *Amft.* 1718. 7.
3 *vol. in*-12.

856. Le Metamorfofi di Ovidio, ridotte da Giò 2 . 14
Andrea d'Allanguillara. *in Venetia*, 1572. 3 *vol.*
in-24.

857. La Vita & Metamorfofeo d'Ovidio, figu- 1.
rato in forma d'Epigramai da Gabr. Symeoni.
Lione, 1559. *in*-8.

858. Epîtres d'Ovide, traduites en vers François,
Utrecht, 1719. in-12.

859. Epiſtole d'Ovidio, di Remigio. *in Venetia,*
1581. in-12.

860. Pieces Choiſies d'Ovide, traduites en vers
par T. Corneille. *Paris,* 1670. in-12.

861. Phædri Fabulæ. *Pariſiis,* 1742. in-12. pap.
d'Holl. mar. citr.

862. Petrone, Latin & François, par Nodot,
1713. 2 vol. in-12.

863. Satyres de Juvenal & de Perſe, traduites
par de Marolles. *Paris,* 1658. in-8.

864. Les mêmes, traduites par Martigniac. *Lyon,*
1687. in-12.

865. Satyres de Juvenal, traduites par M. Du-
faulx. *Paris,* 1770. in-8.

866. Val. Martialis Epigrammata, cum Notis Far-
nabii. *Amſt.* 1644. in-12.

867. Martial, traduit par de Marolles. *Paris,*
1655. 2 vol. in-8.

P O E T E S F R A N Ç O I S.

868. Dictionnaire des Rimes, par Richelet. *Paris,*
1721. in-8.

869. Poëtique Françoiſe, par M. Marmontel. *Par.*
1763. 3 vol. in-8.

870. Elémens de Poëſie Françoiſe. *Paris,* 1752.
3 vol. in-12. mar. r.

871. Arts de la Poëſie Françoiſe & Latine, par
Lacroix. *Lyon,* 1694. in-12.

872. Raiſonnemens haſardés ſur la Poëſie Fran-
çoiſe. *Paris,* 1737. in-12.

873. Bibliotheque Poétique. *Paris,* 1745. 4 vol.
in-12.

874. Recueil de Pieces en vers & en proſe,
in-8.

875. Recueil de Pieces en vers & en profe. 1736. *in-12.*

876. Recueil de différentes petites Pieces en vers. *in-8. & in-12. br.*

877. L'Abeille du Parnaffe. *Londres, 1754. 2 vol. in-12.* 2. 10

878. Elite de Poëfies fugitives. *Lond. 1764. 3 vol. in-12.* 4. 8

879. Almanach des Mufes, années 1765, jufques y compris 1770. *6 vol. in-12. br.* 4. 3

880. Etrennes du Parnaffe, Recueil de Poéfies. *Paris, 1770. 3 vol. in-12- br.* 2. 7

881. Recueil d'Enigmes. *in-12.* 2. 18

882. Œuvres de Clement Marot, *la Haye, 1702.* 2 *vol. in-12.* 3. 16

883. Œuvres Poëtiques de Melin de S. Gelais. *Paris, 1729. in-12.*

884. Œuvres de Regnier. *Londres, 1746. in-12.* 2. 9

885. Œuvres de Théophile. *Paris. 1662. in-12.* 1.

886. Effais Poétiques de Nerveze. *1605. in-12.* 2.

887. Poéfies de M de Deshoulieres. *Paris; 1707.* 2 *vol. in-8.* 4.

888. La Magdeleine au défert de la Sainte-Baume en Provence, par le P. Pierre de Saint-Louis. *Lyon, 1694. in-12.* 3. 3

889. Œuvres diverfes de la Fontaine. *Paris, 1744.* 4. *vol. in-12.* 5. 12

890. Fables choifies mifes en vers, par le même. *Amft. 1705. in-12.* 1. 6

891. Les mêmes. *Paris, 1743. 2 vol. in-12.* 3. 12

892. Œuvres de Boileau-Defpréaux. *Par. 1713. in-4.* 5. 4

893. Les mêmes. *Amft. 1729. 4 vol. in-12.* 24. 19

894. Poéfies diverfes de Sainctonge. *Dijon, 1714. in-12.* 1. 9

895. Œuvres diverfes de Vergier. *Amft. 1731.* 4. *vol. in-12.* 4. 4

1. 6   896. Poéfies de Chaulieu & de La Fare. *Amft.* 1724. *in-8.*

5. 12   897. Les mêmes. *Amft.* 1733. 2 *vol. in-8.*

1.   898. Voyage du Parnaffe. *Rotterd.* 1716. *in-12.*

  899. Poéfies de Malleville. *Paris,* 1649, *in-4.*

8. 2   900. Voyage de Bachaumont & Chapelle, *la Haye,* 1732. *in-12.*

15. 5   901. Œuvres de la Motte. *Paris,* 1754. 11 *vol. in-12.*

2.   902. Œuvres de Rouffeau. *Rotterd.* 1712. 2 *vol. in-12.*

4. 8   903. Les mêmes. *Rotterd.* 1712. 4 *vol. in 12.*

1.   904. Les mêmes. *Soleure,* 1722. *in-12.*

2.   905. Les mêmes. *Londres,* 1731. 2 *vol. in-12.*

3.   906. Lettres du même. *Genève,* 1749. 3 *vol. in-12.*

3. 17   907. Mémoire pour fervir à l'Hiftoire des Cou-plets de 1710. *Bruxelles,* 1752. *in-12.*

3. 19   908. Le Vice puni ou Cartouche, Poëme. *Paris,* 1725. *in-8.*

  909.

2. 13   910. Œuvres diverfes de Roy. *Paris,* 1727. 2 *vol. in-8.*

3.   911. Œuvres de la Grange-Chancel. *Paris,* 1735. 3 *vol. in-12.*

1. 16   912. Poéfies diverfes de Coquart. *Dijon,* 1754. 2 *vol. in-12.*

2. 12   913. La Religion & la Grace, Poëmes, par Racine. *Paris,* 1742. *in-12.*

1.   914. Poëme fur la Grace, par le même. *Amft.* 1722. *in-12.*

1. 6   915. Lamentations de Jérémie, trad. en vers par M. d'Arnaud, avec *fig. Paris,* 1769. *in 8. br.*

1.   916. La Ligue ou Henri le Grand, par M. de Voltaire. *Genève,* 1723. *in-8.*

2.   917. La Henriade. *Londres,* 1730. *in-8.*

2. 18   918. La même. *Paris,* 1746. 2 *vol. in-12.*

  919.

919. Madrigaux de la Sabliere. *Paris,* 1758. *in-18.* 2 . 2
920. Œuvres de M. Gresset. *Genève,* 1746. *in-12.* 1 . 16
921. Ver-Vert & autres ouvrages du même. 1 . 16
  Amst. 1735. *in-12.*
922. Dons des enfans de Latone, la Musique & 1 . 9
  la Chasse du Cerf, Poëme. *Paris.* 1734. *in-8.*
923. Pieces dérobées à un ami. *Amst.* 1750. 2 vol. 3 . 7
  in-12.
924. Œuvres en vers & en prose de Desforges- 1 . 11
  Maillard. *Amsterdam,* 1759, 2 vol. *in-12. br.*
925. Recueil général des Pieces, Chansons & 1 . 18
  Fêtes données à l'occasion de la prise du Port-
  Mahon. 1757. *in-8.*
926. Recueil des Œuvres de Mme du Bocage. 7 . 5
  Lyon, 1764. 3 *vol. in-12.*
927. Le Paradis Terreftre, par la même. *Paris,* 2 .
  1748. *in-8.*
928. La Colombiade, par la même. *Paris,* 1756. 1 . 7
  in8.
929. La Christiade ou le Paradis reconquis. *Brux.* 7 . 19
  1753. 6 vol. *in-12.*
930. Poésies variées de Coulange. *Paris,* 1753. 3 . 10
  in-12.
931. Œuvres diverses de Desmahis. *Genève,* 1763. 4 . 8
  in-12.
932. La Pétrissée, *la Haye.* 1763. *in-12.* 1 . 8
933. Ollivier, Poëme. 1763. *in-12.* 1 . 13
934. Œuvres diverses de M. le Franc. *Paris,* 2 .
  1753. 2 vol. *in-12.*
935. Poésies Sacrées du même. *Paris,* 1754. *in-12.* 1 . 12
936. Discours Philosophiques, tirés des livres 1 .
  Saints, par le même. *Paris,* 1771. *in-12.*
937. Œuvres du Philosophe de Sans-Soucy. *Post-* 2 . 15
  dam, 1760. *in-12. mar. citr.*
938. Les mêmes. *Berlin,* 1750. 3 vol. *in-8.* 10 . 5
939. Œuvres mêlées de Mme Montegut. *Ville-* 2 .
  franche, 1768. 2 vol. *in-12.*

H

940. Fables nouvelles, par M. l'Abbé Aubert. *Paris, 1756.* — Lamentations de Jérémie, Odes par M. d'Arnaud. *1757.* — les Charmes de l'Etude, par M. Marmontel. — Mon Odyssée, par M. Robe, *la Haye. 1760. in-8.*

941. Fables, par M. l'Abbé Aubert. *Paris, 1761. in-12. br.*

942. Fables nouvelles, par M. Ganeau. *Paris, 1760. in-12.*

943. Fables ou Allégories Philosophiques, par M. Dorat. *Paris, 1772. in-8. br. fig.*

944. Fables Choisies sur des airs & vaudevilles connus. *Paris, 1745. in-24. mar.*

945. La Danse. *Paris, 1767. in-8. fig. br.*

946. Les Sens, par M. du Rosoy. *Londres, 1766. in-8. fig.*

947. Odes Anacréontiques, par de Sauvigny. *Paris, 1762. in-12.*

948. Conseils d'une mere à son fils, Poëme Italien & François, traduit par Pingeron. *Paris, 1769. in-12.*

949. La Béatitude des hommes, tant sur la terre que dans le ciel. *Paris, 1771. in-12. br.*

950. Joseph, par M. Bitaubé. *Paris, 1767. in-8.*

951. Amusemens Poëtiques, par M. Legier. *Orléans. 1769. in-12. br.*

952. Narrations & autres Poésies de M. Fourneaux. *Paris, 1772. in-8. br.*

953. Epître à Catherine II. Impératrice de Russie. — Lettre de l'Abbé de Rancé à un ami, par M. Barthe. — Lettre de Pétrarque à Laure. — Lettre de Caton d'Utique à César. — Le Pot-Pourri. — Narcisse dans l'Isle de Vénus. — Régulus, Tragédie. *1765. in-8. fig.*

954. Lettre d'Alcibiade à Glicere. — Lettre de Gabrielle de Vergy. Lettre de Julie à Ovide. — Selim & Selima. — Lettre de Valcourt à Zéila. —

Lettre de Biblis à Caünus. Lettre de Valford à Dirton son oncle. 1764, 1765. *in-8. fig.*

955. La Vestale Clodia à Titus. Essai sur le Feu sacré & sur les Vestales. — Ericie ou la Vestale, Drame. — La mort de Caton, Tragédie. — le Royaume mis en interdit, Tragédie. — Béverlei, par M. Saurin. — Bélisaire, Drame. *in-8.*   4 4

956. Tablette trouvée, ou Mémorial Poëtique, 1748. — Epître à Mme *** 1748. — Recueil de pieces en vers & en prose, par M. de Voltaire. — Henriade travestie, 1751. — Ombre de Colbert. 1749. *in-12.*   2 11

957. Les Saisons, par M. de S. Lambert. *Amsterd.* 1769. *in-8.*   6

958. Temple de Gnide mis en vers, par M. Colardeau, *avec fig. Paris*, 1772. *in-8. br.*   6

959. Noei Bourguignon de Gui Barozai, avec un Glossaire, par de la Monnoye, *ai Dioni*, 1720. *in-12.*   6

DRAMATIQUES FRANÇOIS,

960. Bibliotheque des Théâtres. *Paris*, 1733. *in-8.*   1 4
961. Libertés de la France contre le pouvoir arbitraire de l'excommunication. *Amst.* 1761. *in-12.*   1 8
962. Œuvres diverses de Pierre & Thomas Corneille. *Amsterdam*, 1740. 11 *vol. in-12.*   18
963. XIII. différentes Tragédies de P. & T. Corneille. *in-12.*   2
964. Œuvres de Moliere. *Paris*, 1710. 8 *vol. in-12.*   11
965. Les mêmes. *Paris*, 1749. 8 *vol. in-12.*   18
966. XII. Comédies de Moliere. *in-12.*   2 11
967. Observations sur la Comédie & sur le génie de Moliere, par Riccoboni. *Paris*, 1736. *in-12.*   2 9
968. Théâtre de Poisson. *Paris*, 1736. *in-12.*   2 8
969. Œuvres de Montfleury. *Paris*, 1705. 2 *vol. in-12.*   3 2
970. Œuvres de Racine. *Paris*, 1736. 2 *vol. in-12.*   4 17

971. Les mêmes. *Paris*, 1750. 3 *vol. in-*12.

972. Les mêmes, avec les Commentaires, par M. Luneau de Boisjermain. *Paris*, 1768. 7 *vol. in-*8.

973. Théâtre d'Hauteroche. *Paris*, 1705. *in-*12.

974. Œuvres de Pradon. *Paris*, 1700. *in-*12.

975. Regulus. — Tamerlan, Trag. par le même. 2 *vol. in-*12.

976. Théâtre de la Thuillerie. *Amsterdam*, 1745. *in-*12. *mar.*

977. Œuvres de Campistron. *Paris*, 1715. *in-*12.

978. Les mêmes. *Paris*, 1750. 3 *vol. in-*12.

979. Œuvres de Dancourt. *Paris*, 1739. 9 *vol. in-*12.

980. Théâtre de Baron. *Paris*, 1742. 2. *vol. in-*12.

981. Œuvres de Palaprat. *Paris*, 1735. *in-*12.

982. Œuvres de Théâtre de Brueys. *Paris*, 1735. 3 *vol. in-*12.

983. Œuvres de Dufresny. *Paris*, 1731. 6 *vol. in-*12.

984. Œuvres de Regnard. *La Haye*, 1729. 2 *vol. in-*12.

985. Tragédies & autres Poëmes de Mlle Barbier. *Leyde*, 1723. *in-*12.

986. Œuvres de Crébillon. *Paris*, 1713. *in-*12.

987. Les mêmes. *Paris*, 1749. 3 *vol. in-*12.

988. Recueil de Pieces de Destouches. *Paris*, 1732. *in-*12.

989. Œuvres Dramatiques du même. *Paris*, 1758. 10 *vol. in-*12.

990. Théâtre de le Grand. *Par.* 1731. 4 *vol. in-*12.

991. Recueil de Pieces de Théâtre, par M. de Voltaire. *Bruxelles*, 1742. 4 *vol. in-*8. & *in-*12.

992. Le Caffé ou l'Ecossaise, Comédie, par le même. *Londres*, 1760. *in-*12.

993. Théâtre de le Sage. *Paris*, 1739. 2 *vol. in-*12.

994. Théâtre de la Noue. *Paris*, 1765. *in-*12.

995. Théâtre & Œuvres diverses de Panard. *Paris*, 1763. 4 *vol. in-*12.

996. Pieces de Boiffi. *Paris*, 1737. 2 *vol. in*-8. 4

997. Théâtre de Piron. *Paris*, 1729. *in*-8. 2. 9

998. Œuvres du même, avec les figures deffinées 9. 2
par M. Cochin. *Paris*, 1758. 3 *vol. in*-12.

999. Théâtre de Boindin. *Paris*, 1746. *in*-12. 11. 19

1000. Œuvres de La Chauffée. *Paris*, 1741. 2 *vol.* 2. 10
in-12.

1001. Les mêmes. *Paris*, 1763. 5 *vol. in*-12. 8. 10

1002. Théâtre & Œuvres diverfes de M. de Sivry. 3. 6
Londres, 1764. *in*-12.

1003. Théâtre de M. de Saint-Foix. *Paris*, 1762. 7. 8
4 *vol. in*-12.

1004. Théâtre de M. Marmontel. *Paris*, 1749. 1. 18
in-12.

1005. Comédies Nouvelles, par le Baron de Biel- 2.
feld. *Berlin*, 1753. *in*-12.

1006. Le Pere de Famille, Comédie, par M. 2.
Diderot. *Amfterdam*, 1758. *in*-8.

1007. Le Fils Naturel, Comédie, par le même. 1. 17
Amfterdam, 1757. — Le Bâtard Légitimé. *Am-*
fterdam, 1757. *in*-8.

1008. Thémiftocle, Trag. par Duryer. — Thiefte, 1.
par de Moléon. — Thomas Morus, ou le Triom-
phe de la Foi, par de la Serre, *in*-4.

1009. Mariane, Tragédie, par Triftan l'Hermite. 1.
Paris, 1724. *in*-8.

1010. Athénaïs, Tragédie. — Abfalon, par Duché, 1.
— Médée. — Manlius Capitolinus, par de la Foffe. 5.
— Géta, par Péchantré. — Ofarphis, ou Moyfe,
par l'Abbé Nadal. *in*-12.

1011. Venceflas, Tragédie, par Rotrou. — La Vie 1. 9
eft un fonge, Italien & François. — Le feint
Alcibiade, *in*-12.

1012. Electre, Tragédie, par de Longepierre. 1.
— Mariane, par Triftan l'Hermite. — Catilina &
Xercès, par Crébillon. — Califte, ou la Belle
Pénitente. *in*-12.

1013. Médée, Tragédie. — Progné, par de la Voliere. — La Mort de Séjan. — Astarbé, par M. Colardeau. — Spartacus. — Zelmire, par M. De Belloy. *in-12.*

1014. Bérénice, les Plaideurs, Phédre, la Thébaïde, par Racine. *in-12.*

1015. Andriscus, Tragédie. — Bathasard. — Iphigénie en Tauride, par Vaubertrand. — La petite Iphigénie, Parodie. — Iphigénie en Tauride, par Guymond de la Touche. — Caliste, par Colardeau. *in-12.*

1016. Edouard III. Tragédie, par M. Gresset. — Adam & Eve. — Les Amazones, par Mme Du Bocage. — Hector, par M. Clairfontaine. — Antipater, par M. Portelance. — Joseph, par Genest. *in-8.*

1017. Deucalion & Pyrrha, Comédie. — Zénéide, par de Cahusac. — Sidney, par M. Gresset. — La double extravagance, par M. Bret. — L'Impertinent, par Desmahis. — Narcisse, par J. J. Rousseau. — Les Hommes. — Les Méprises, par P. Rousseau. *in-8.*

1018. La Mort de César, par M. de Voltaire. — Venceslas, par M. Marmontel. — Zulime, par M. de Voltaire. — Clitemnestre. — Alexandre, par M. de Fénélon. — Tancrede, par M. de Voltaire. — Timoléon, par M. de la Harpe. *in-8.*

1019. Recueil de Tragédies, savoir, Druso dal Ant. Conti; Medea, Hamlet, Romeo & Juliette, par M. Ducis; Gaston & Baïard, & Gabrielle de Vergi, par M. de Belloy; les Pélopides, par M. de Voltaire; Cromwel; Clarisse, Drame; Vercingentorix; Cromwel, par M. Du Clairon; Azor, par M. de Rosoi. *in-8. in-4. & in-12. broché.*

1020. Pyrrhus, Tragédie, par Crébillon. — Aben-Saïd, par M. l'Abbé Le Blanc. — Venise sauvée.

— Childéric, par De Morand. — Mahomet II. par De la Noue. — Pharamond ; *in-8.*

1021. Mérope, Tragédie, par le Marquis Maffei, Italien & François. *Paris*, *1718*, *in-12.*

1022. La Mort de Socrate, Tragédie, par M. de Sauvigny, 1763. — Socrate, Tragédie, 1764. — Le Siége de Calais, par M. de Belloy, 1765. — Lettres sur cette Piéce, 1765. — Zulime, Parodie, 1762. *in-8.*

1023. François II. par le Président Hénault, 1747. — Directions pour la conscience d'un Roi. *La Haye*, *1747.* — Traité de la Fortune. *Paris*, *1732. in-8.*

1024. Statira, les Faux Nobles mis au billon, Venceslas, Soliman, Timocrate, Alcibiade, Amasis, Tiridate, Tragédies & Comédies, *in-12.*

1025. Didon, par M. Le Franc. — Hypermnestre. — Cyrus, par Danchet. — Polyxène, par De la Fosse. — Romulus, par De la Mothe.

1026. L'Andromaca, Trag. del Racine, trad. in versi italiani. — Inès de Castro, par De la Mothe. — Cassius & Victorinus, par de la Grange-Chancel. — Didon, par M. Le Franc. — Teglis. — Sabinus & Esponine, par Richer. *in-8.*

1027. Idoménée & Hypermnestre, par M. Le Mierre. — Philoctete, par M. de Châteaubrun. — Adele de Ponthieu, par M. De la Place. — Malagrida. — Titus, par M. De Belloy. *in-12.*

1028. Astarbé, par M. Colardeau. — Zulica. — Blanche & Guiscard, par M. Saurin. — Judith & David. — La méchanceté, Parodie d'Astarbé. — Les Troyennes, par M. de Châteaubrun. *in-12.*

1029. Le Comte de Warwick, Tragédie, par M. De la Harpe. 1764. — Octave & le jeune Pompée, ou le Triumvirat. 1767. — Brutus, par M. de Voltaire. 1731. — Le Tremblement de terre de Lisbonne, Tragédie, par M. André. 1756. *in-8*.

3. 10 1030. Le Comte de Comminges, ou les Amans Malheureux, Drame, par M. d'Arnaud. *Paris*, 1768. — Lettre du Comte de Comminges à sa mere. *Paris*, *1764. in-8*.

2. 1031. Euphémie ou le Triomphe de la Religion, Drame, par le même. *Paris*, *1768. in-8*.

4. 6 1032. Drames par M. Mercier, savoir : Jenneval, le Déserteur, Olinde & Sophronie, le Faux Ami, l'Indigent. *Paris*, *1769 & suiv. 5 vol. in-8. fig. br.*

2. 1033. Les deux Reines, Drame, 1770. — Argillan, par M. Fontaine. 1769. *in-8*.

2. 10 1034. L'Amour Précepteur, Comédie. — La Femme Docteur, ou la Théologie tombée en quenouille. — Le Saint Déniché, ou la Banqueroute des march. de miracles. — La Gouvernante Rusée. — Momus Fabuliste, par Fuzelier. — La Fille Inquiette ou le Besoin d'aimer.

1035. Dépit Amoureux. — Folies Amoureuses. — Esope à la Cour. — Ecole des Amans, par Jolly, Comédies. *in-12*.

5. 1036. Momus Fabuliste, Comédie, par Fuzelier. — Le Philosophe Marié, par Destouches. — La Pupille, par Fagan. — Le Fat Puni. — Le Somnambule. — L'Oracle. — Les Frimâçons. *in-8*.

1. 4 1037. La Coquette Corrigée, par De la Noue. — La Fille d'Aristide, par Mme de Graffigny. — L'Orpheline Léguée, par M. Saurin. — La Gouvernante, par De la Chaussée. — La Nouvelle Ecole des Femmes, par M. de Moissy. *in-12*.

2. 10 1038. Surprise de la Haine, par Boissy. — Esope à la Cour de Boursault. — La Mere Jalouse, par M. Barthe. — Les Vacances, par Dancourt. — L'Orpheline Léguée, par M. Saurin. — Le Dépositaire, par M. de Voltaire. — Le Marché de Venise. —

Le

Joueur Italien & François. — Le Maître de Mu-
sique, Italien & François. — Le Bourru Bienfai-
sant, de M. Goldoni. — Raton & Rosette. — Le
Mari Émancipé. — La Rosiere de Salenci. *in-8.*
brochés.

1039. La Partie de Chasse d'Henri IV. Comédie, 2. 8
par M. Collé, 1766. — L'Honnête Criminel,
Drame, par M. de Falbaire, 1768. — Les Mois-
sonneurs, Comédie, par Favart. 1768. *in-8.*

1040. Le Cercle, par Poinsinet, 1764. — Emilie 1. 18
ou le Triomphe des Arts, 1763. — Les Mœurs
du tems, 1761. — Dupuis & Désronais, par
M. Collé, 1763. — Le Bienfait rendu, ou le Né-
gociant. 1763. *in-8.*

1041. Le Philosophe sans le savoir, Comédie, par 2. 5
M. Sedaine, 1766. — Le Roi & le Fermier, Co-
médie, par le même, 1762. — Le Fils recon-
noissant, Comédie, 1766. — La Canadienne, par
M. Vadé, 1758. — L'Homme de Cour, par
M. Chauveau, 1767. — La Jeune Indienne, par
M. de Chamfort. 1764. *in-8.*

1042. Les Nouveaux Calotins, Opéra Comique. 2. 10
— Le Bucheron. — Le Sorcier. — Les Amans
Trompés. — Annette & Lubin. — L'Anglois à
Bordeaux, par Favart. — Soliman Second. —
Annette & Lubin, par M. Marmontel. — On ne
s'avise jamais de tout. *in-8.*

1043. Les Fausses Infidélités, par M. Barthe. — 1. 16
Mélanie, par M. de la Harpe. — La Piété Filiale,
par M. Courtial. — Les Guebres. *in-8.*

1044. Les Philosophes, Comédie, par M. Palissot, 1. 17
& différentes Pieces qui y sont relatives. *Paris,*
1760. in-12.

1045. Le Pere de Famille, & le Véritable Ami, 1. 4
Comédies, par Goldoni. *Avignon, 1758. in-8.*

Poetes Italiens, Anglois, &c.

2   1046. Dante , con l'Espositione di Bernardino Daniello da Lucca. *in Venetia*, 1568. *in-4.*

2.   1047. Difesa della Comedia del Medesimo. *in Cesena*, 1587. *in-4.*.

1. 4   1048. Orlando Furioso, di Lodov. Ariosto. *in Venetia*, 1580. *in-4.*

7. 5   1049. Il Medesimo, con figure da Girolamo Porro. *in Venetia*, 1584. *in-fol.*

1. 16   1050. Il Medesimo. *in Venetia*, 1641. 2. *vol. in-24.*

1.   1051. La Gierusalemme liberata, del Torquato Tasso. *in Roma*, 1607. *in-24.*

2. 14   1052. La Medesima. *in Genova*, 1617. *in-4.*

4.   1053. La Medesima. *in Venetia*, 1654. 2 *vol. in-64.* mar. r.

4.   1054. Jérusalem délivrée, trad. de l'Italien, par Mirabaud. *Paris*, 1724. 2 *vol. in-12.*

2. 16   1055. Delle Rime, del Torquato Tasso. *in Venetia*, 1608. 2 *vol. in-24.*

1.   1056. Aminta del Medesimo. *in Leida*, 1656. *in-12.*

2.   1057. La Medesima, con figure, da Seb. Le Clerc. *in Amsterd.* 1678. *in-32.*

3.   1058. L'Aminte du Tasse, trad. en vers. *Paris*, 1666. *in-12.*
        1059. Traduction de Roland l'amoureux, de Boyardo. *Paris*, 1717. 2 *vol. in-12.*

4. 15   1060. Il Petrarca, corretto da Ludov. Dolce. *In Vinegia.* 1547. *in-12. mar.*

1. 19   1061. Il Medesimo. *In Venetia*, 1638. *in-24.*
        1062. Rime & Prose da Giov. della Casa. *In Fiorenza.* 1564. *in-12.*

1. 11   1063. L'Arcadia di Sanazzaro. *In Venezia.* 1725. *in-12.*

1. 16   1064. Filli di Sciro del Conte Guidubaldo de Bonarelli, con figure di Seb. le Clerc. *In Amsterd.* 1678. *in-32.*

1065. Il Prencipe Nigillo del Guid' Ubaldo. In Venetia, 1640. in-4.

1066. Il Pastor fido del Guarini. In Venetia, 1600. in-24.

1067. Il Medesimo. In Venetia, 1621. in-4.

1068. Il Medesimo. In Amsterd. Elsevir. 1621. in-32.

1069. Le Berger fidele, trad. en vers François. Paris, 1680. in-12.

1070. L'Adone del Marino. In Amsterdam, 1678. 4 vol. in-24. mar.

1071. La Sampogna del Medesimo. In Parigi, 1620. in-12.

1672. Il Padre Naso del Medesimo. In Parigi, 1626. in-12.

1073. La Clelia, Historia Romana. In Venetia, 1666. 3 vol. in-12.

1074. L'Anima di Ferrante Pallavicino. In Lione, 1664. in-12.

1075. Il Filandro di Savaro del Pizzo. In Venezia, 1659. — Vie de la Duchesse de la Valliere. in-12.

1076. Rime di Girolamo Preti. In Venetia, 1620. in-12.

1077. Satire di varii autori. In Venetia, 1573. in-12.

1078. La Lucerna di Evreta Misoscolo. In Venetia, 1628. in-4.

1079. La Dianea di Loredano. In Venetia, 1638. in-4.

1080. Cento Favole di più illustri antichi, scielte da Verdizotti. In Venetia, 1677. in-12.

1081. Richardet Poëme. La Haye, 1766. 2 vol. in-8.

1082. Prose e Poesie del Abate Antonio Conti. In Venezia, 1739. in-4.

1083. Le Medesime. 2 vol. in-4.

1084. Prose vulgari di Mascardi. In Venetia, 1653. in-12.

1085. Satire del Dotti. *Ginevra*, 1757. *in-12.*

1086. Rime Piacevoli del Berni, Casa, Mauro, Varchi, Dolce. *In Vicenza*, 1603. *in-12.*

1087. Rime del Algarotti. *In Bologna*, 1733. *in-12.*

1088. Rime del Ricchieri. *In Genova*, 1753. *in-8.*

1089. Théatre Italien de Gherardi. *Paris*, 1717. 6 *vol. in-12.*

1090. Recueil de Pieces de la Comédie Italienne. *Paris*, 1751. 3. *vol. in-8. & in-12.*

1091. Raccolta di diverſ. tragedie. *In Fiorenza*, 1595. *in-12.*

1092. Pompeo Magno Drama. *In Venetia*, 1666. *in-12.*

1093. Il don Gaſtone di Moncada opera ſcenica del Cicognini. *In Venetia.* 1658. *in-12.*

1094. Opere drammatiche del Metaſtaſio. *Venezia*, 1748. 5 *vol. in-12.*

1095. Traduction en François des Tragédies-Opera de l'Abbé Metaſtaſio. *Vienne*, 1751. 7 *vol. in-12.*

1096. Samſon, tragi-comédie Italienne par Luigi Riccoboni. *Paris*, 1718. *in-12.*

1097. Idée de la Poëſie Angloiſe par l'Abbé Yart. *Paris*, 1756. 8 *vol. in-12.*

1098. Paradiſe loſt by John Milton. *Glaſgow*, 1750. *in-12 mar. r.*

1099. Paradiſe loſt John Milton. *London*, 1750. 2 *vol. in-8.*

1100. Le Paradis perdu de Milton, traduit par Dupré de Saint-Maur. *Paris*, 1739. 3 *vol. in-12.*

1101. Les Saiſons, trad. de l'Angl. de Thompſon. *Paris*, 1759. *in-12.*

1102. Trifles by Dodſley. *Tullys*, 1745. *in-8.*

1103. Œuvres diverſes de Pope, traduites de l'Anglois. *Amſterdam*, 1754. 7 *vol. in-12.*

1104. Eſſai ſur l'Homme, du même; trad. par de Silhouette. 1736. *in-12.*

1105. Le même. *Lausanne*, 1746. *in-4*.

1106. Essai sur l'Homme, du même, en cinq langues. *Strasbourg*, 1762. *in-8*.

1107. Œuvres diverses du même. *Amsterdam*, 1753. — Essai sur l'Homme, du même; trad. par Silhouette. *Lauf.* 1752. *in-12*.

1108. Pastorales du même, trad. en François. *Paris*, 1753. *in-12*.

1109. Principes de la Morale & du Goût, du même, en vers François, par du Resnel. *Paris*, 1737. *in 8*.

1110. Hudibras, Poëme Anglois, traduit en François, *Lond.* 1758. 3 *vol. in-12*.

1111. Miscellaneous Works in verse and prose of Jof. Addisson. *London*, 1746. 4 *vol. in-12*.

1112. Nuits d'Young, traduites de l'Anglois par M. le Tourneur. *Paris*, 1769. 2 *vol. in-12*.

1113. Les mêmes & autres œuvres. *Paris*, 1769. 4 *vol. in-8*.

1114. Théatre Anglois, trad. par M. de la Place. *Londres*, 1749. 8 *vol. in-12*.

1115. Lettres sur le Théatre Anglois. 1752. 2 *vol. in-12*.

1116. Choix de petites pieces du théâtre Anglois. *Londres*, 1756. *in-12*.

1117. The Win-Rivals, a Comedy, by George Farquar. *London*, 1735. *in-12*.

1118. The Provok. d'Husband, or a Journey to London, a Comedy, by Cibber. *London*, 1741. 2 *vol. in-12*.

1119. Recueil de pieces en Anglois, 6 *vol. in-12*.

1120. La Lusiade du Camoens, traduite par Duperron de Castera. *Amst.* 1735. 3 *vol. in-12*.

1121. Choix varié de Poésies philosophiques & agréables, traduites de l'Anglois & de l'Allem. *Avignon*, 1770. 2 *vol. in-12*.

1122. Choix de Poésies Allem. par M. Huber. *Paris*, 1766. 4 *vol. in-12*.

1123. Paſtorales & Poëme de M. Geſſner, trad. en François. *Paris, 1766. in-12.*

1124. La mort d'Abel du même, traduite par M. Huber. *Paris, 1760. in-12.*

1125. Idylles & Poëme champêtre du même, trad. par Huber. — Lettre d'une jeune veuve au Chevalier de Luzeincour, 1761. — L'armée Romaine, ſauvée par les prieres de la légion fulminante, Poëme, par l'Abbé Sélis, *Paris. 1760. in-12.*

1126. Les quatre Parties du Jour, trad. de l'Allemand, de Zacharie. *Paris, 1769. in-8.*

1127. Théâtre Eſpagnol, traduit en François. *Paris, 1700. in-12.*

MYTHOLOGIE, ROMANS.

1128. Philoſtrate, par Blaiſe de Vigenere. *Paris, 1602. in-4.*

1129. Hiſtoire généalogique des Dieux des Anciens, par la Plonce-Richette. *Lyon, 1623. in-8.*

1130. Dumarſais, Epitome de Diis & Heroibus Poëticis. *Paris, 1731. in-4.*

1131. Méthode pour apprendre l'hiſtoire des faux Dieux, par le P. Pomey, *la Haye, 1732.* 2 *vol. in-12.*

1132. Mythologie ou explication des Fables, par Baudoin. *Paris, 1627. in-fol.*

1133. Explication hiſtorique des Fables, par l'Abbé Banier. *Paris, 1715.* 3 *vol. in-12.*

1134. Hiſtoire Poëtique, par le P. Gautruche. *Paris, 1714. in-12.*

1135. Connoiſſance de la Mythologie. *Par. 1743. in-12.*

1136. Diction. de Mythologie, par de Clauſtre. *Paris, 1745.* 3 *vol. in-12.*

1137. Le même. *Paris, 1765.* 2 *vol. in-8.*

1138. Dictionnaire abrégé de la Fable, par Chompré, *Paris, 1749. in-12.*

1139. Le même. *Paris, 1752. in-12.*

1140. Tableaux du Temple des Muses, traduits par de Marolles. *Paris, 1655. in-fol.*

1141. Galerie Poétique, ou explication en vers de différens morceaux de la Fable, avec *fig. Par.* *1771. in-12. br.*

1142. Apologues ou attributs des sujets de la Fable, par rapport aux mœurs & à la religion. *Paris, 1764. in-12. br.*

1143. Les Fables de Pilpay. *Paris, 1698. in-12.*

1143. Traité de l'origine des Romans, par Segrais. *Paris, 1711. in-12.*

1144. Usage des Romans, avec une bibliotheque des Romans, par Lenglet du Frenoy. *Amst.* *1734. 2 vol. in-12.*

1145. Entretiens sur les Romans. *Paris, 1755.* *in-12.*

1146.

1147. Métamorphoses ou l'Ane d'or d'Appulée, avec les figures de Michel Lasne. *Paris, 1623.* *in-8.*

1148. Les mêmes. *Paris, 1707. 2 vol. in-12.*

1149. Amours de Psiché & de Cupidon. *Rotterdam. 1719. in-12.*

1150. La Philena di Franco. *In Mantoua. 1547.* *2 vol. in-12.*

1151. Stratonica del Luca Affarino. *In Maccrata, 1636. in-12.*

1152. La Medesima. *In Geneva, 1647. in-12.*

1153. Il Calloandro fidele da Gio. Ambros. Marini. *In Venetia, 1698. 2 vol. in-12.*

1154. Le Caloandre fidele. *Amst. 1740. 3 vol.* *in-12.*

1155. L'Ariofte Moderne, ou Roland le Furieux. *Paris, 1685. 2 vol. in-12.*

1156. Le même. *Paris, 1720. 2 vol. in-12. mar.*

1157. La Berfabea di Ferrante Pallavicino. *Venetia, 1652. 4 vol. in-12.*

1158. Aftrée, par Honoré d'Urfé. *Paris*, 1633. 5 vol. in-8.

1159. Ariane, par Defmaretz, *Paris*, 1724. 3 vol. in-12.

1160. L'Arcadie moderne, ou les Bergeries Sçavantes, par de la Baume Defdoffat. *Paris*, 1757. in-12.

1161. Zaïde, Hiftoire Efpagnole, par de Segrais. *Paris*, 1719. 2 vol. in-12.

1162. Vie de Marianne, par Marivaux, *Amft.* 1745. 2 vol. in-12.

1163. Les Amans Philofophes, ou le Triomphe de la Raifon. *Paris*, 1754. in-12.

1164. Hift. de Bellerive, ou Principes fur l'Amour & l'Amitié. *Paris*, 1768. in-12 br.

1165. Difgraces des Amans. *Paris*, 1706. in-12.

1166. L'Ifle de France, ou la Nouvelle Colonie de Vénus. *Amfterdam*, 1753. in-12.

1167. Lettres de M. ****. *Paris*, 1760. in-12.

1168. Les Exilés, par M. de Villedieu. *Paris*, 1673. 4 vol. in-12.

1169. Le Voyage de Fontainebleau. *Paris*, 1678. in-12.

1170. Daumalinde, Reine de Lufitanie. *Paris*, 1681. in-12.

1171. Guliftan, ou l'Empire des Rofes. *Paris*, 1704. in-12.

1172.

1173. Efprit de Julie, par M. Formey. *Berlin*, 1763. in-12 br.

1174. Mon Radotage & celui des autres, 1759. — Mém. d'un Frivolite. 1761. — Encyclopédie Perruquiere. 1757. — Panégyrique de Jacques Matth. Reinhart, Cordonnier. 1759. — Les Capucins fans barbe, 1761. — Le Dejeûner des Halles. 1761. in-12.

1175. Hiftoire de Tyran le Blanc. *Londres.* 2 vol. in-12.

1176.

1176. Historia di Palmerin d'Oliva. *In Venetia,* 1573. *in-12.*

1177. Histoire & plaisante cronique du petit Jehan de Saintré. *Paris,* 1724. 3 vol. *in-12.*

1178. La Citherée, par Gomberville. *Paris,* 1642. 4 vol. *in-8.*

1179. Cassandra the fam'd Romance the Wol's Work. *London,* 1676. *in-4.*

1180. La Cleopatra portata dal Francesce dal Marchese Maiolino Bisaccioni. *In Venetia,* 1715. 6 vol. *in-12.*

1181. Histoire & Amours de Sapho. *Paris,* 1724. *in-12.*

1182. Amours de Tibulle, par de la Chapelle. *Paris,* 1732. 3 vol. *in-12.*

1183. Amours de Catulle, par le même. *Paris,* 1725. 2 vol. *in-12.*

1184. Histoire de Tullie, fille de Ciceron. *Paris,* 1726. *in-12.*

1185. Amours d'Horace. *Cologne,* 1728. *in-12.*

1186. Pigmalion, ou la Statue animée. *Berlin,* 1753. *in-12.*

1187. Anecdotes de la Cour de Philippe-Auguste, par Mlle de Lussan. *Paris,* 1738. 6 vol. *in-12.*

1188. La Comtesse de Vergy. *Paris,* 1722. *in-12.*

1189. Histoire Secrette de Bourgogne, *Paris,* 1694. 2 vol. *in-12.*

1190. Mémoires Secrets de la Cour de Charles VII. par Mme Durand. *Paris,* 1700. 2. vol. *in-12.*

1191. Anecdotes de la Cour de François I. par Mlle de Lussan. *Londres,* 1748. 3 vol. *in-12.*

1192. Vie, Amours, Infortunes & Lettres d'Abailard & d'Héloïse. *Bruxelles,* 1714. *in-12.*

1193. Histoire de Marguerite d'Anjou, par l'Abbé Prevost. *Amst.* 1740. 2 vol. *in-12.*

1194. Princesse de Cleves. *Par.* 1678. 2 vol. *in-12.*

1195. Histoire de Mme de Luz. *La Haye*, 1741. *in-12.*

1196. Mémoires & Aventures d'un homme de qualité qui s'est retiré du monde ; & Hist. de Manon Lescaut, par l'Abbé Prevost. *Amsterdam,* 1731. 9 vol. *in-12.*

1197. Le Chevalier des Essars & la Comtesse de Bercy. *Paris,* 1735. 2 vol. *in-12.*

1198. Histoires Françoises, Galantes & Comiques. *Amsterdam,* 1716. 2 vol. *in-12.*

1199. Histoire de Lidéric, Comte de Flandres. *Paris,* 1737. 2 vol. *in-12.*

1200. Mémoires de Saint-Evremont. *Paris,* 1696. 4 vol. *in-12.*

1201. La Conformité des Destinées, & Axiamire. *Bruxelles,* 1736. *in-12.*

1202. Mémoires pour servir à l'Histoire des Mœurs du 18e siecle. 1751. *in-12.*

1203. La Nouvelle Marianne. *La Haye,* 1740. 2 vol. *in-12.*

1204. Amusemens des Eaux d'Aix-la-Chapelle. *Amsterdam,* 1736. 3. vol. *in-12.*

1205. Amusemens des Eaux de Spa. *Amst.* 1734. 2 vol. *in-12.*

1206. Fables Orientales & Poësies Diverses, par M. B. *Deux-Ponts,* 1772. 3 vol. *in-12. br.*

1207. Hyppolite, Comte de Duglas, par Madame d'Aulnoy. *Paris,* 1690. 2 vol. *in-12.*

1208. Le Comte de Warwick, par la même. *Paris,* 1703. 2 vol. *in-12*

1209. Aventures Singulieres du faux Chevalier de Warwick. *Londres,* 1750. *in-12.*

1210. Le Philosophe Anglois, ou Histoire de Cleveland. *Amsterdam,* 1744. 8. vol. *in-12.*

1211. Aventures de Jos. Andrews. *Londres,* 1750. 2 vol. *in-12.*

1212. Les Heureux Orphelins, par M. de Crébillon fils. *Bruxelles,* 1754. 2 vol. *in-12.*

1213. Histoire d'Emilie Montagut, traduite de 5. 16
l'Anglois. *Paris*, 1770. 4 *vol. in-12. br.*

1214. The History of Tom Jones a Foundling, 8. 5
by Fielding. *London*, 1750. 4 *vol. in-12.*

1215. Histoire de Tomes Jones, ou l'Enfant Trou- 7.
vé, par Fielding, trad. par M. de la Place. *Lon-*
dres, 1750. 4 *tom.* 2 *vol. in-12.*

1216. Vie & Aventures de Jos. Thompson. *Paris*, 7. 4
1762. 3 *vol. in-12.*

1217. Le Soldat Parvenu. *Dresde*, 1753. 2 *vol.* 4.
in-12.

1218. Naufrage des Isles flottantes, ou Basiliade 3. 16
de Pilpay. *Messine*, 1753. 2 *vol. in-12.*

1219. L'Atlantis de Manley, trad. de l'Anglois. 1. 17
Londres, 1713. 2. *vol. in-12.*

1220. Histoire & Aventures de Williams Pickle. 7. 5
Amster. 1753. 4 *vol. in-12.*

1221. Histoire de Miss Jenny, par Mme Riccoboni. 10.
Paris, 1764. 4 *part.* 2 *vol. in-12.*

1222. Histoire de Grandisson, trad. par l'Abbé 19. 14
Prevost. *Amsterdam*, 1756. 4 *vol. in-12.*

1223. Amélie, trad. de Fielding, par M. de Puy- 2. 8
sieux. *Paris*, 1762. 2 *vol. in-12.*

1224. Romans traduits de l'Anglois. *Amsterdam*, 2. 6
1761. *in-12.*

1225. L'Illustre Malheureuse, ou la Comtesse de 2. 10
Janissanta. *Amsterdam*, 1739. 2 *vol. in-12.*

1226. Anecdotes ou Histoire secrette de la Mai- 1. 16
son Ottomane. *Amsterdam*, 1722. 2 *vol. in-12.*

1227. Siroès & Mirame. *Paris*, 1692. *in-12.* 1.

1228. bis. Discours du Songe de Poliphile. *Paris*, 2. 8
1546. 1 *vol. in-fol.*

1229. Histoire de la Sultane de Perse & des Visirs. 1. 8
Paris, 1707. *in-12.*

1230. Henr. de Wolmar, ou la Mere jalouse de
sa fille. *Paris*, 1768. *in-12 br.*

1231. Lettres de Sancerre au Comte de Nancé, 2.

K ij

par Mad. Riccoboni. *Paris*, 1767. *in-12.*

1232. Histoire d'une Grecque moderne, par l'Abbé Prevoſt. *Amſterdam*, 1740. *in-12.*

1233. Le Doyen de Killerine, par l'Abbé Prevoſt. *Paris*, 1739. 6 tom. 3 vol. *in-12.*

1234. Pamela, ou la Vertu récompenſée, trad. de l'Angl. par l'Abbé Prevoſt. *Londres*, 1742. 2 vol. *in-12.*

1235. Anti-Pamela, trad. de l'Angl. *Londres*, 1742, *in-12.*

1236. Clariſſa by Richardſon. *London*, 1751, 8 vol. *in-12.*

1237. Hiſtoire de Miſſ Clariſſe, trad. par l'Abbé Prevoſt. *Londres*, 1752. 12 tom. 6 vol. *in-12.*

1238. L'Empire des Zaziris ſur les Humains. *Pekin*, 1761. *in-12.*

1239. La Nouvelle Héloïſe, par J. J. Rouſſeau, avec figur. *Amſt.* 1761. 4 vol. *in-12.*

1240. Mémoires pour ſervir à l'Hiſtoire de la Vertu, par l'Abbé Prevoſt. *Cologne*, 1762. 4 vol. *in-12.*

1241. Mémoires de Miſſ Sidney Bidulphe, par le même. *Paris*, 1768. 2 vol. *in-12.*

1242. L'Eleve de la Nature. *Paris*, 1764. *in-12.*

1243. Barclay his Argenis Tranſlated by Rob. le Grys. *London*, 1629. *in-4.*

1244. Aventures de Telemaque. *La Haye*, 1699, 3 vol. *in-12. mar.*

1245. Les mêmes. *in-12.*

1246. Les mêmes. *Paris*, 1740. 2 vol. *in-12.*

1247. Aventuras de Telemaco. *En la Haga*, 1713, *in-12.*

1248. Le Avventure di Telemaco. *In Venezia*, 1756. *in-12.*

1249. Le Medeſime. *Napoli*, 1768. *in-8.*

1250. Il Telemaco in ottava rima tratto dal Franceſe da Flaminio Scarſelli. *In Venezia*, 1748. *in-8.*

1251. Mahmoud le Gasnevide. *Amst.* 1729. — Amu- 2. 2
semens sérieux & comiques, par Dufresni,
Angl. & François. *La Haye*, 1719. — Lettres
Turques. *Amst.* 1731. *in-8*.

1252. Sethos, par Terasson. *Paris*, 1731. 3 *vol.* 7
in-12.

1253. Mém. de Batteville, ou la Veuve Parfaite, 1. 9
par Mad. le Prince de Beaumont. *Lyon*, 1766.
in-12.

1254. L'homme, ou le Tableau de la vie. *Paris*, 4
1764. 2 *vol. in-12*.

1255. Campagnes Philosophiques, par l'Abbé 3. 6
Prevost. *Amst.* 1741. 2 *vol. in-12*.

1256. Le Cabinet du Philosophe. *Paris*, 1734.
— Amusemens du Cœur & de l'Esprit. 1734,
in-12. } 2. 10

1257. Les Confessions de la Baronne de. *Amster-*
dam, 1743. *in-12*.

1258. Les Femmes Militaires. *Paris*, 1739. *in-12*. 1. 11

1259. La Défense des Dames. *Paris*, 1697. 2 *vol.* 1. 10
in-12.

1260. Julie, nouvelle galante & amoureuse. *Paris*, 1. 9
1671. *in-12*.

1261. Anecdotes galantes & tragiques de la Cour 2. 7
de Néron. *Paris*, 1735. *in-12*.

1262. Œuvres de Rabelais. *Amsterdam*, 1711. 5 9
vol. in-12.

1263. Les mêmes. *Bruxelles*, 1759. 2 *vol. in-12*. 6. 17

1264. Mémoires de Barneveldt. *Paris*, 1732. 2 2. 8
vol. in-12.

1265. Le Roman satyrique de Jean de Lannel. 2. 10
Paris, 1623. *in-8*.

1266. Les Désordres de la Bassette. *Paris*, 1682. 2. 15
in-12. mar. r.

1267. Le Livre à la Mode. 1759. *in-12. br.*
1268. Le Secret des Francs-Maçons, 1744. — Le } 4. 12
Momus François ou Aventures divertissantes du

\[Duc de Roquelaure, 1739. — Etrennes de la Saint-Jean. *in-12.*

2ᵏ. 12 1269. L'Amour dévoilé ou le Syſtême des Simpathiſtes. *1743. in-12. mar. r.*

\{ 1270. Songe d'un Hermite. *1770. in-12. br.*
1. 14 \{ 1271. L'Homme ſauvage, par M. Mercier. *Amſt. 1767. in-12 br.*

1. 6 1272. Le Philoſophe Negre, & les Secrets des Grecs. *Londres, 1764. 2 part. br.*

1. 1273. Bibliotheque des petits Maîtres. *1762. in-12. br.*

8. 1274. Hiſtoire de Giblas de Santillane, par le Sage, *Paris, 1748. 4 vol. in-12.*

9. 1275. The Hiſtory and adventures of Giblas of Santillane. *London. 1746. 4 vol. in-12.*

1. 10 1276. Le faux Ariſtarque reconnu. *Amſterdam, 1733. in-12.*

1. 7 1277. Après Soupers de la campagne. *Amſt. 1759. 2 vol. in-12.*

2. 1278. Civan, Roi de Bungo, par Mᵈᵉ le Prince de Beaumont. *Londres, 1760. in-12.*

3. 1279. Ophelie. *Amſt. 1763. 2 vol. in-12.*

4. 19 1280. Les hommes volans. *Londres, 1763. 3 vol. in-12.*

1. 8 1281. Mémoires & Aventures de Dom Inigo de Paſcarilla. *Paris, 1764. in-12.*

\{ 1282. Hiſtoire de Raſſelas. *Paris, 1760. in-12.*
2. 9 \{ 1283. Giphantie, *Babylone, 1760. in-12.*

2. 8 1284. Recueil de ces Meſſieurs. *Amſterdam, 1745, in-12.*

3. 2 1285. Vie & Aventures de Lazarille de Tormes, *Bruxelles, 1699. in-12.*

11. 13 1286. Romans de M. d'Arnaud ; ſcavoir, Anne Belle, Sélicourt, Fayel, Sidney & Volſan, Adelſon & Salvini, Sargine. *Paris, 1769. & ſuiv. 6 vol. in-8. fig. br.*

8. 1287. Œuvres de M. d'Arnaud ; ſcavoir, Batilde

ou l'héroïsme de l'Amour. — Fanni. — Lucie. — Julie. — Clary. — Nancy, *avec fig. Paris,* 1767. *in-8.*

1288. Il Decameron di Boccacci, *in Amsterdamo.* 1679. *2 vol. in-12.*

1289. Il Medesimo, *in Londra.* 1727. *2 vol. in-12.*

1290. L'Amorosa Fiammeta del Medesimo, *in Venetia,* 1542. *in-12.*

1291. Facétieuses Nuits de Straparole. 1726. *2 vol. in-12.*

1292. Nouvelles de Michel de Cervantes. *Amst.* 1713. *2 vol. in-12.*

1293. Les Contes de Pogge. *Amsterdam,* 1712. *in-12.*

1294. Contes facétieux, tirés de Bocace. *Paris,* 1670. *in-12.*

1295. Hecatommithi overo cento Novelle di Giraldi. *in Venetia,* 1580. *in-4.*

1296. Les Cent excellentes Nouvelles de Giraldi. *Paris,* 1534. *2 vol. in-12.*

1297. Œuvres de Quevedo. *Bruxelles,* 1698. *2 vol. in-12.*

1298. Le Triomphe de l'Amour, ou le Serpent caché sous les fleurs. *Paris,* 1755. — La Brochure à la Mode. 1755. *in-12.*

1299. Histoire d'Iris & de Daphnis. *Paris,* 1666. *in-12.*

1300. Heureux Esclave. *Cologne,* 1686. *in-12.*

1301. Siege de Calais, *la Haye.* 1739. *2 vol. in-12.*

1302. Palais du Silence. *Amst.* 1754. *2 vol. in-12.*

1303. Contes Moraux, par Marmontel. *la Haye,* 1761. *3 vol. in-12.*

1304. Contes Moraux, par le même. *Paris,* 1765. *4 vol. in-8. fig.*

1305. Contes Moraux, par M.lle Uncy. *Paris,* 1763. *4 vol. in-12.*

1306. Nouveaux Contes Moraux, par M. Charpentier, *Paris,* 1767. *3 vol. in-12. br.*

1307. Succès d'un Fat. *Avignon*, *1762. in-12.*

1308. Nouvelles Tragi-comiques de Scarron. *Par. 1711. 2 vol. in-12.*

1309. Suite du Roman comique de Scarron. *Par. 1771. in-12.*

1310. Contes des Fées, par M.^{de} Daulnoy. *Paris, 1757. 4 vol. in-12.*

1311. Trois nouveaux Contes des Fées. *Paris, 1735. in-12.*

1312. Nouveaux Contes des Fées, allégoriques. *Amsterdam, 1736. in-12.*

1313. La Tyrannie des Fées détruite, ou l'origine de la machine de Marly. *Paris, 1756. in-12.*

1314. Relation de la découverte du tombeau de l'enchanteresse Orcavelle. *Paris, 1729. in-12.*

1315. Mille ed una Notte. *in Venetia, 1741, 3 vol. in-12.*

1316. Arabian Nights. *Londres, 1736. 6 vol. in-12.*

1317. Contes, Aventures & faits singuliers recueillis, par l'Abbé Prevôt. *Paris, 1764. 2 vol. in-12.*

1318. Le Temple de Gnide, par de Montesquieu. *Paris, 1725. in-12.*

1319. Le même avec *fig. Londres, in-12.*

1320. Voyages de Cyrus, par Ramsay. *Luxembourg, 1728, in-12.*

1321. Les mêmes, Anglois & François. *Edimbourg, in-12.*

1322. The Travels of Cyrus by Andr. Ramsay. *Edinburgh, in-12.*

1323. Le Repos de Cyrus. *Paris, 1732. in-8.*

1324. Bibliothèque de Société. *Paris, 1771. 4 vol. in-12.*

1325. Les Promenades de le Noble. *2 vol in-12.*

PHILOLOGUES.

1326. Essai historique & philosophique sur le Goût, par Cartaud de la Villate. *Par.* 1736. *in-12.*

1327. Essai sur le Beau, par le P. André. *Paris,* 1763. *2 vol. in-12. br.*

1328. Les Beaux Arts réduits à un même principe, par M. l'Abbé Batteux. *Paris,* 1746. *in-12.*

1329. Théorie des Sentimens agréables. *Paris,* 1749. *in-12.*

1330. Considérations sur les Ouvrages d'esprit. *Amst.* 1758. *in-12. br.*

1331. Délices de la Poésie galante. *Paris,* 1666. *2 vol. in-12.*

1332. Spectacle des Beaux Arts, par M. Lacombe. *Paris,* 1758. *in-12.*

1333. Culture de l'Esprit, par Watts, traduit de l'Anglois, par de Superville. *Amst.* 1762. *in-12.*

1334. L'Homme de Lettres, par M. l'Abbé Garnier. *Paris,* 1764. *in-12. br.*

1335. Productions d'Esprit, contenant ce que les Sciences & les Arts ont de rare & de merveilleux, traduit de Swift. *Paris,* 1736. *in-12.*

1336. Histoire des derniers troubles arrivés au Royaume d'Eloquence. *Paris,* 1658. *in-8.*

1337. Histoire Poëtique de la guerre déclarée entre les Anciens & les Modernes. *Paris,* 1668. *in-12.*

1338. Le Chef-d'œuvre d'un Inconnu. *la Haye,* 1714. *in-12.*

1339. Il Principe Hermafrodito, di Ferr. Pallavicino. *in-12.*

1340. L'Eloge de la Folie, traduit par Gueudeville. *Leyde,* 1713. *in-12. fig.*

1341. Tombeau de la Folie, par de la Martiniere. *Paris, in-12.*

1342. Le grand Mystere ou l'art de méditer sur la

L

Garderobe, par Swift. *la Haye,* 1729. *in-*12.

4. 6 1343. Jeux d'Esprit & de Mémoire. *Cologne,* 1697.
— Histoire de Poliarque & d'Argenis. *Rouen,*
1641. *in-*12.

5. 19 1344. Les Bigarures & Touches du Seigneur des
Accords. *Rouen,* 1625. 2 *vol. in-*12.

2. 4 1345. Mémoires pour servir à l'Histoire de la Ca-
lotte. 1739. 2 *vol. in-*12.

5. 4 1346. Conte-du Tonneau, par Jonathan Swift,
traduit de l'Anglois. *la Haye,* 1757. 3 *vol. in-*12.

2. 6 1347. Agenda des Auteurs ou Calepin Littéraire.
1755. *in-*12.

1. 1348. Préservatif contre l'Anglomanie. *Minorque,*
1757. *in-*8. br.

1. 17 1349. Réflexions sur les grands Hommes morts en
plaisantant, par Deslandes. *Amst.* 1732. *in-*12.

1350. Les différens Caractères des Femmes du
siecle, par de Pringy. *Paris,* 1699. *in-*12.

2. 1351. Apologie des Dames, appuyée sur l'Histoire.
Paris, 1737, *in-*12.

1352. L'Apothéose du Beau Sexe. *Lond.* 1741. *in-*12.

1353. Défense du Beau Sexe, pour servir d'apo-
4. 19 logie aux Femmes. *Amst.* 1753. 4 *vol. in-*12.

1. 1354. L'ami des Femmes. 1758. *in-*12.

1. 1355. Réflexions sur différens sujets. *Paris,* 1732.
*in-*8.

1. 1356. Recueil de divers écrits sur l'Amour, l'A-
mitié, &c. *Paris.* 1736. *in-*12.

1. 18 1357. Differtations sur le vieux mot de Patrie, &
sur la nature du Peuple, 1755. — Differtations
sur la différence des Religions Grecque & Ro-
maine, par l'Abbé Coyer, 1755. — Histoire d'une
Fille sauvage trouvée dans les bois, âgée de 10
ans. 1755. *in-*12.

1358. Le Philosophe malgré lui, par Chamberlan.
Amst. 1760. *in-*12.

2. 18 1359. L'Anti-sans-Souci ou la Folie des nouveaux

Philosophes, par M. Formey. *Bouillon*, 1761.
in-12.

1360. Les Philosophes à l'Encan. *Par.* 1690. *in-12.*

1361. L'Eloge de l'Enfer. *La Haye*, 1759. 2 vol. *in-12.*

1362. Examen critique des Ouvrages de Bayle. *Paris*, 1747. *in-12.*

1363. Réflexions philosophiques sur le Poëme de la Religion naturelle. *Paris*, 1756. *in-12.*

1364. Recueil de Pieces pour & contre M. de Voltaire. 1761. *in-12.*

1365. Erreurs de Voltaire. *Paris*, 1762. 2 vol. *in-12.*

1366. Eloge de l'Encyclopédie & des Encyclopédistes. *La Haye* 1759. — L'Incrédulité combattue par le simple bon sens, 1760. — Observations d'un Principal sur l'Encyclopédie. — Lettre de M. Diderot au P. Bertier, 1751. — Lettre au P. Berthier sur le Matérialisme, 1759. — Discours sur Epictete, 1760. Lettre de M. Soret à M. Fréron. 1758. *in-12.*

1367. Réfutation de l'Emile de J. J. Rousseau. *Paris*, 1763. 3 vol. *in-8.*

1368. Esprit du P. Castel. *Paris*, 1763. *in-12.*

1369. Esprit de Fontenelle. *La Haye*, 1753. *in-12.*

1370. Esprit de la Mothe le Vayer. 1763. *in-12.*

1371. Esprit des Monarques philosophes. *Paris*, 1764. *in-12. mar. r.*

1372. Esprit de Montaigne. *Berlin*. 1753. 2 vol. *in-12.*

1373. Génie de Montesquieu. *Amsterdam*, 1758. *in-12.*

1374. Pensées de l'Abbé Prevost. *Amsterdam*, 1764. *in-12.*

1375. Pensées de J. J. Rousseau. *Amsterdam*. 1763. *in-12.*

1376. Esprit, Maximes & Principes du même. *Neuchâtel*. 1764. *in-12.*

L ij

1377. Discours sur l'Œconomie politique, par J. J. Rousseau. *Genève, 1758.* — J. J. Rousseau à M. d'Alembert sur l'article Genève dans l'Encyclopédie, *Amsterdam, 1758.* — Réponse à cette Lettre, 1759. — Lettre à J. J. Rousseau sur l'effet moral des théâtres, 1758. — Lettre d'un Professeur Protestant à M. d'Alembert, 1759. — Considérations sur l'art du théâtre. 1759. — Réflexions d'une Provinciale sur le Discours touchant l'origine de l'inégalité des conditions, 1756. — Laval à J. J. Rousseau, 1758. — Dancourt au même, 1759. — Critique de la Lettre à M. d'Alembert sur les Spectacles, 1760. — Lettres sur la nouvelle Héloïse. *1761.* 2 *vol. in-8.*

1378. Analyse des principes de J. J. Rousseau, 1763. — Lettres sur le Christianisme de J. J. Rousseau, *1764.* 2 *vol. in-12. br.*

1379. Esprit de Saint-Evremont. *Amst. 1761. in-12.*

1380. Voltariana. *Paris, 1748. in-8.*

1381. Il Divortio celeste. *In Villa Franca, 1643.* — Il Corriero svaligiato, *1644.* — Baccinata, *1644.* — La Disgratia del Conte d'Olivarès. — Dialogo sopra le guerre che Principi Fanno contra il Papa. *in-12. mar.*

1382. L'Heureux Citoyen, Discours. *Lille, 1759.* — Atrocité des Paradoxes de J. J. Rousseau, 1760. — Lettre d'un Curé au sujet de la Lettre à M. d'Alembert, 1760. La Nouvelle Héloïse, Romance. — Lettre sur la Nouvelle Héloïse. *1762. in-12.*

1383. Recueil Anglois. *Amst. 1763. in-12.*

1384. Pensées Errantes. *Paris, 1758, in-12.*

1385. Mes Loisirs, par le Chevalier d'Arcq. *Par.* — Apologie du Genre humain. *1755. in-12.*

1386. Della famosissima Compagnia della Lesina. *In Venetia, 1613.* — Breviarium Politicorum

fecundùm Rubricas Mazarinicas. *Vefaliæ*, 1700.
in-12.

1387. Il Corriero fvaligiato. *In Norinberga*, 1646.
in-12.

1388. Art de ne point s'ennuyer, par Deflandes.
Paris, 1715. — Lettre de M. Diderot au P. Ber-
thier, & Réflexions d'un Francifcain fur l'Ency-
clopédie. *1752. in-12.*

1389. Hexameron Ruftique. *Paris*, 1670. *in-12.*

1390. Dialogo di Nicolo Franco. *In Ven. 1542.*
in-12.

1391. Entretiens Hiftoriques & Moraux. *Paris*,
1684. *in-12.*

1392. Dialogi di Antonio Brucioli della Morale
Philofophia. *In Venetia. 1544. in-4.*

1393. Sophronifme, Dialogue, par M. de Féne-
lon. *in-12.*

1394. Dialogues des Morts, par le même. *Paris*,
1752. 2 *vol. in-12.*

1395. Dialogues des Morts, Lettres & Poéfies,
par M. de Fontenelle. *Londres*, 1710. 2 *vol. in-12.*

1396. Nouveaux Dialogues des Morts, par Peffe-
lier. *1753. in-12.*

1397. Dialogues des Morts, traduit par M. de Jon-
court. *La Haye. 1760. in-8.*

1398. Entretiens d'Arifte & d'Eugene. *Amfterdam*,
1703. *in-12.*

POLYGRAPHES.

1399. Lucien, traduit par Perrot d'Ablancourt.
Paris, 1655. 2 *vol. in-4.*

1400. Effais de Michel de Montaigne. *Amft. 1659.*
3 *vol. in-12. mar. r.*

1401. Diverfes Leçons de Pierre Meffie, trad.
du Caftillan par Cl. Gruget. *Rouen*, 1526. 2 *vol.*
in-12.

4°.61402. Diverses Leçons de Louis Guyon. *Lyon*, *1610. 2 vol. in-12.*

1.17 1403. Œuvres de Voiture. *Paris, 1672. in-12.*

2.11 1404. Les mêmes. *Paris, 1713. 2 vol. in-12.*

2.19 1405. Œuvres de Cyrano de Bergerac. *Paris, 2 vol. in-12.*

2.16 1406. Les mêmes. *Amst. 1710. 2 vol. in-12.*

1. 1407. Œuvres de Montreuil. *Paris, 1671. in-12.*

1.12 1408. Œuvres mêlées en prose & en vers, par Hamilton. *Paris, 1731. in-12.*

9.11 1409. Opere di Machiavelli. *1540. 3 vol. in-12. mar.*

3.19 1410. Tutte le Opere di Nicolo Machiavelli. *1550. in-4.*

4.14 1411. Œuvres de Bensserade. *Amst. 1698. 2 vol. in-12.*

1412. Œuvres mêlées de Saint-Evremont. *Paris, 1697. 6 vol. in-12.*

4.7 1413. Dissertation sur les Œuvres mêlées de Saint-Evremont. *Paris, 1698. in-12.*

3. 1414. Œuvres de Scarron. *Paris, 1709. 6 vol. in-12.*

2. 1415. Œuvres (dernieres), & Virgile travesti, par Scarron. *Paris, 1700. 6 vol. in-12.*

9. 1416. Œuvres de Saint-Réal. *Amsterdam, 1722. 5 vol. in-12.*

33. 1417. Œuvres diverses de Fontenelle. *La Haye, 1729. 3 vol. in-fol.*

18.19 1418. Les mêmes. *Paris, 1758. 11 vol. in-12.*

1.16 1419. Loisirs de Mme de Maintenon. *Paris, 1757. in-12.*

14.4 1420. Œuvres du Philosophe bienfaisant. *Paris, 1763. 4 vol. in-8.*

6. 1421. Œuvres de M. de Voltaire. *Amsterdam, 1742. 5 vol. in-12.*

12. 1422. Œuvres diverses du même. *Londres, 1746. 6 vol. in-12.*

6.19 1423. Recueil de Pieces en prose & en vers, par le même. *3 vol. in-8.*

1424. Œuvres de Remond de Saint-Mard. *Amst.*
1749. 3 *vol. in-12.*

1425. Œuvres diverses de M. Thomas. *Amster-*
dam, 1762. in-12.

1426. Œuvres mêlées en profe & en vers de M.
de Bernis. *Genève. 1753. in-12.*

1427. Mélanges de Littérature, d'Histoire & de
Philosophie, par M. d'Alembert. *Berlin, 1753.*
2 *vol. in-12.*

1428. Nouveaux Mémoires d'Histoire, de Criti-
que & de Littérature, par l'Abbé d'Artigny.
Paris 1756. 7 vol. in-12.

1429. Amusemens Philosophiques & Littéraires
de deux Amis. *Paris, 1756. in-12.*

1430. Recueil de Pieces choisies, tant en profe
qu'en vers. *La Haye, 1714. in-12.*

1431. Le Porte - feuille trouvé ou Tablettes d'un
Curieux. *Genève, 1757. 2. vol. in-12.*

1432. Mélanges Littéraires, par M. de la Harpe.
Paris. 1765. in-12. br.

EPISTOLAIRES.

1433. Lettres familieres de Ciceron, traduites par
l'Abbé Prevost. *Paris, 1745. 5 vol. in-12.*

1434. Lettres de Ciceron à Atticus, par Mongault.
Paris, 1714. 6 vol. in-12.

1435. Epistole di Cicerone. *In Venetia, 1555. in-12.*

1436. Plinii secundi Epistolæ & Panegiricus. *Pari-*
siis, 1749. in-12.

1437. Lettres de Pline le jeune, trad. par Sacy.
Paris, 1700. 3. vol. in-12.

1438. Lettres curieuses sur divers sujets. *Paris,*
1725. 2 vol. in-12.

1439. Lettres philofophiques, critiques, férieuses
& amusantes. *La Haye, 1748. 2 vol. in-12.*

1440. Lettres femi-philofophiques. *Amsterdam,*
1757. in-12.

3 10 1441. Lettres philosophiques sur les phisionomies. *La Haye*, 1748. *in-12.*

1. 1442. Lettres sur les Anglois & autres sujets, par M. de Voltaire. *Basle*, 1734. *in-12. br.*

3. 1443. Lettres historiques de Pellisson. *Paris*, 1729. 3 *vol. in-12.*

1. 1444. Lettres choisies de Guy-Patin. *Rotterdam*, 1689. *in-12.*

4. 1445. Les mêmes. *Rotterdam*, 1725. 5 *vol. in-12.*

1. 10 1446. Esprit du même. *Amst.* 1709. *in-12.*

3. 3 1447. Lettres secrettes de Christine, Reine de Suede. *Genève*, 1761. *in-12.*

3. 3 1448. Lettres choisies de la même, par M. Lacombe. *Villefranche*, 1759. *in-12.*

7 12 {
1449. Lettres de Godeau sur divers sujets. *Paris*, 1713. *in-12.*

1450. Recueil de Lettres de Mme de Sevigné à sa fille. *Paris*, 1735. 6 *vol. in-12.*
}

16. 1451. Lettres de la même avec le supplément. *Paris*, 1735. 8 *vol. in-12.*

2. 1452. Recueil de Lettres choisies de la même. *Paris*, 1751. *in-12.*

1. 1453. Sevigniana. *Paris*, 1768. *in-12. br.*

1. 10 1454. Lettres de Maintenon. *Nancy*, 1753. *in-12.*

18. 14 1455. Lettres historiques & galantes de M de Dunoyer. *Londres*, 1741, 6 *vol. in-12. mar. r.*

3. 12 1456. Lettres de la Mothe, 1754.

3. 1457. Lettres familieres du Baron de Bielfeld. *La Haye*, 1763. 2 *vol. in-12.*

3. 6 1458. Lettres choisies de la Riviere. *Paris*, 1751. 2 *vol. in-12.*

2. 5 1459. Lettres familieres de Montesquieu. *Paris*, 1767. *in-12. br.*

2. 9 1460. Lettres d'une Péruvienne, par Mde de Grafigny. *Paris*, 1754. 2 *vol. in-12.*

1. 16 1461. Lettres de la Marquise de M*** au Comte de R***, par M. Crébillon, fils. 1735. *in-12.*

1462.

1462. Les mêmes. *La Haye*, 1746. *in-12.*

1463. Lettres écrites à un Actionnaire de la Compagnie des Indes Orientales d'Angleterre. *Lond.* 1750. *in-8.*

1464. Lettre de Montmartre. *Londres*, 1750. — L'Art de Péter, 1751. *in-12.*

1465. Lettres Turques. *Amst.* 1750. *in-12.*

1466. Lettres de Catesby à son Amie, par Mme Riccoboni. *Amst.* 1760. *in-12.*

1467. Lettres à une illustre Morte, par M. Caraccioli. *Paris*, 1770. *in-12.*

1468. Lettres de Mme de Villars. *Par.* 1759. *in-12.*

1469. Lettres de Montagute. *Paris*, 1764. *in-12.*

1470. Lettres d'Henriette & d'Emilie. *Londres*, 1763. *in-12.*

1471. Lettres de Mme du Montier, recueillies par Mme le Prince de Beaumont. *Lyon*, 1767. 2 vol. *in-12.*

1472. Lettres d'Emerance à Lucile, par Mme le Prince de Beaumont. *Paris*, 1765. 2 vol. *in-12.*

1473. Lettres du Marquis de Roselle, par Mme Elie de Beaumont. *Paris*, 1764. 2 vol. *in-12.*

1474. Lettres de Mme de la Valiere. *Paris*, 1767. *in-12.*

1475. Lettere di Pietro Aretino. *In Parigi*, 1609. 6 vol. *in-8.*

1476. Lettere familiari del Annibal Caro. *In Venetia*, 1754. *in-4.*

1477. Lettres Athéniennes, par M. de Crébillon. *Paris*, 1771. 4 vol. *in-12.*

1478. Lettres Persannes. *Amst.* 1721. 2 vol. *in-12.*

1479. Persian Letters, translated by Ozell. *Lond.* 1736. *in-12.*

1480. Letters From a Persian in England to his Friend at Ispahan. *London*, 1744. *in-12.*

1481. Nouvelles Lettres Persannes, traduites de l'Anglois. *Londres*, 1735. *in-12.*

M

N. B. La célérité avec laquelle on a été obligé de faire imprimer ce Catalogue, est seule la cause de l'interruption qui se trouve entre les numéros depuis la fin des Belles-Lettres jusqu'au commencement de l'Histoire, il ne manque néanmoins aucun article dans le Catalogue.

HISTOIRE.

CHRONOLOGIE, HISTOIRE UNIVERSELLE.

1591 Lettres sur l'Histoire, par Bolimbroke, trad. de l'Angl. 1752. 2 *vol. in-*12.

1592 Traité des différentes preuves qui servent à établir la vérité de l'Histoire, par le P. Griffet. *Liége,* 1769. *in-*12.

1593 Physique de l'Histoire. *Paris,* 1765. *in-*12. *br.*)

1594 Justinus, cum notis Isaaci Vossii. *Lugd. Bat.* Elzevir, 1640. *in-*12.

1595 Tablettes chronologiques de l'Histoire univer- selle, par l'Abbé Lenglet du Fresnoy. *Par.* 1744. 2 *vol. in-*8.

1596 Histoire Universelle depuis le commencement du monde jusqu'à présent, trad. de l'Angl. d'une Société de Gens de Lettres. *Amst.* 1747. *& suiv.* 34 *vol. in-*4.

1597 Discours sur l'Hist. Universelle, par Bossuet. *Par.* 1707. *in-*12.

1598 Le même. *Paris,* 1732. *in-*4.

1599 Ristretto dell Mondo del Torsellini. *In Ve-* netia, 1663. *in-*24.

1600 Istorie del Mondo di Gio. Tarcagnota. *In Venetia,* 1561. 3 *tomes* 5 *vol. in-*4.

1601 Mercure de Vittorio Siri, trad. par M. Re- quier. *Paris,* 1759. 18 *vol. in-*12.

1602 Descriptiones Rerum publicarum veterum & novarum, per varios Autores. *Amst.* 1650 *&* *suiv.* 47 *vol. in-*12.

1603 Abrégé de l'Hist. Universelle, par Delisle. *Paris,* 1736. 7 *vol. in-*12.

1604 Principes de l'Histoire, par Juvenel. *Paris,* 1733. *in-*12.

3. { 1605 Elémens de l'Histoire, par l'Abbé de Valle-
mont. *Paris,* 1758. 5 *vol. in-*12. *br.*

9. 19 1606 Introduction à l'Histoire générale de l'Univers,
par de Puffendorf. *Trevoux,* 1735. 9 *vol. in-*12.
1607 La même. *Amst.* 1736. 7 *vol. in-*12.

3. 8 1608 Histoire Universelle, par M. de Voltaire.
Londres, 1753. 3 *vol. in-*12.

16. 10 1609 La même, avec le Supplément. *Geneve,* 1756.
8 *vol. in-*8.

{ 1610 Analyse chronologique de l'Histoire Univer-
selle jusqu'à l'Empire de Charlemagne. *Paris,*
2. 1752. *in-*8.

1611 Tablettes morales & historiques. *Paris,* 1762.
*in-*12.

1. 4 1612 Dictionnaire du Temps. *Paris,* 1746. *in-*12.

3. 1613 L'Observateur Hollandois, contenant quarante-
cinq Lettres sur l'état présent des affaires de l'Eu-
rope. *La Haye,* 1758. 5 *vol. in-*12.

1. 1614 Le Moniteur François. *Paris,* 1760. *in-*12.

4. 5 1615 Almanach Royal, 1740, 1744. — 1761,
1764. — 1771. 27 *vol. in-*8.

GÉOGRAPHIE, VOYAGES.

7. 1616 Cosmographie Universelle de tout le monde,
par de Belleforest. *Paris,* 1575. 2 *vol. in-fol.*

2. 2 1617 Topographie de l'Univers, par M. l'Abbé Ex-
pilly. *Paris,* 1758. 2 *vol. in-*8. *br.*

{ 1618 Introduction à la Géographie, par Sanson.
Paris, 1686. *in-*12.
6.
1619 Géographie générale, par Varenius, revue par
Newton, augmentée par Jurin. *Paris,* 1754. 4
*vol. in-*12.

1. 10 1620 Géographie & Cosmographie, par Ozanam.
Paris, 1711. *in-*8.

1. 14. 1621 Grammaire géographique, trad. de l'Angl. de
Gordon. *Paris,* 1748. *in-*8.

1622 Géographie des Dames. *Paris,* 1762. *in-*24, 2. 11

1623 Géographe manuel, par M. l'Abbé Expilly. 1.
Paris, 1757. *in-*24.

1624 Concorde de la Géographie des différens âges, 3. 18
par Pluche. *Paris,* 1764. *in-*12.

1625 Dictionnaire géograph. *Paris,* 1696. *in-*12.

1626 Dictionnaire géographique, historique & cri-
tique, par de la Martiniere. *Dijon,* 1739. 6 (71.19
vol. *in-fol.*

1627 Dictionnaire géographique portatif, par Vof- 8.
gien. *Paris,* 1747. *in-*8.

1628 L'Ifole piu Famofe del mondo, defcritte 2.
da Thomafo Porcacchi da Caftiglione, & inta-
gliate da Girolamo Porro. *In Venetia,* 1572.
in-fol.

1629 Topographie de la Zélande, par M. le Rouge. 1.
Paris, 1748. *in-*4.

1630 Schenkii Hecatompolis, five totius orbis op- 8.
pida nobiliora centum eleganter depicta. *Amft.*
1702. *in-fol.*

1631 Atlas hiftoriq. & géograph. par M. Buy de 3 .
Mornas. *Paris,* 1762. 2 *part. conten.* 127 *cartes*
lav. in-fol. gr. pap.

1632 Atlas maritime, contenant 30 cartes réduites 29.9
de toutes les côtes de France, par M. Bonne,
*in-*18. *mar. bl.*

1633 Amérique Septentrionale, par le Docteur Mit- 5.12
chel, trad. par M. le Rouge. *Montée fur gorge*
& collée fur toile.

1634 Etrennes géographiques contenant 26 cartes. 4.10
Paris, 1760. *in-*18. *mar. r.*

1635 L'Arcipelago defcritto da Marco Bofchini. *In* 1.
Venetia, 1658. *in-*4.

1636 L'Europe, par Samfon le fils. *Par.* 1656. *in-*4. 3.2

1637 Hiftoire générale des Voyages par mer & par 143.19
terre, recueillis par l'Abbé Prevoft. *Paris,* 1752.
17 *vol. in-*4.

N ij

6. 3 1638 Giro del Mondo del Gemelli Carreri. *In Na-poli*, 1699. 6 *vol. in-12.*

8.   1639 Voyages autour du monde, par Dampierre. *Rouen*, 1715, 5 *vol. in-12.*

9.   1640 Voyage autour du monde, par Anson. *Amst.* 1749. *in-4.*

8.   1641 Voyages de Thévenot en Europe, Asie & Afrique. *Amst.* 1727. 5 *vol. in-12.*

4. 16 1642 Voyages en France, en Italie & aux Isles de l'Archipel, trad. par M. de Puysieux. *Paris*, 1763. 4 *vol. in-12.*

11. 5 1643 Voyages du P. Labat en Espagne & en Italie. *Paris*, 1730. 8 *vol. in-12.*

3.   1644 Relation du Voyage d'Oléarius en Moscovie, Tartarie & Perse, trad. par Wicquefort. *Paris*, 1659. 2 *vol. in-4.*

4. 8 1645 Voyages de Struys en Moscovie. *Amst.* 1720. 3 *vol. in-12.*

3.   1646 Voyage de Paul Lucas au Levant. *Par.* 1704. 2 *vol. in-12.*

4. 13 1647 Voyage du même dans la Turquie, &c. *Rouen*, 1719. 3 *vol. in-12.*

2. 2 1648 Voyage de Syrie & du Mont-Liban, par de la Roque, *Paris*, 1722. 2 *vol. in-12.*

1.   1649 Voyage aux Indes Orientales, par Grose, trad. par Hermandez. *Paris*, 1758. *in-12.*

14. 19 1650 Recueil des Voyages qui ont servi à l'établissement & aux progrès de la Compagnie des Indes Orientales formée dans les Pays-Bas, avec les Voyages de Schouten. *Rouen*, 1725. 12 *vol. in-12.*

1. 10 1651 Relation d'un Voyage des Indes Orientales, par Dellon. *Paris*, 1685. 2 *vol. in-12.*

1. 10 1652 Journal du Voyage des grandes Indes. *Paris*, 1688. 2 *vol. in-12.*

8. 12 1653 Relation historique de l'Ethiopie Occidentale, par le P. Labat. *Paris*, 1732. 5 *vol. in-12.*

1654 Voyage au nouveau Monde & naufrage du P. 6
Crefpel. *Amſt.* 1757. *in-*12.

1655 Voyage aux Iſles de l'Amérique, par le P. 25
Labat. *Paris,* 1742. 8 *vol. in-*12.

1656 Voyage de Groënland, par de Méſange. *Amſt.* 5
1720. 2 *vol. in-*12.

1657 Journal hiſtorique du Voyage de M. de la 4
Salle au Mexique. *Paris,* 1713. *in-*12.

1658 Voyage de Robert Lade, trad. de l'Angl. par 3. 7
l'Abbé Prevoſt. *Paris,* 1742. 2 *vol. in-*12.

1659 Hiſtoire des Sévarambes. *Amſt.* 1716. 2 *vol.* 3. 19.
*in-*12.

1660 Voyage & Aventures de Jacques Maſſé. *Bour-*3.
deaux, 1710. *in-*12.

1661 Voyage de Deſcartes. *Paris,* 1690. *in-*12. 1. 9

HISTOIRE ECCLÉSIASTIQUE.

1662 Hiſtoire Sainte & Eccléſiaſtique, par Duver-2
dier. *Paris,* 1673. 4 *vol. in-*12.

1663 Hiſtoire Eccléſiaſtique, par l'Abbé Fleury. 175.
Paris, 1722. 36 *vol. in-*4.

1664 Abrégé chronol. de l'Hiſtoire Eccléſiaſtique. 6.
Paris, 1751. 2 *vol. in-*8.

1665 Abrégé de l'Hiſt. Eccléſiaſtique, par Racine. 30. 19
Utrecht, 1748. 16 *vol. in-*12.

1666 Principes de l'Hiſtoire Sainte. *Londres,* 1761. 3.
3 *vol. in-*12.

1667 Abrégé de l'Hiſt. Sainte. *Paris,* 1735. *in-*12. 1.

1668 Hiſtoire du Peuple de Dieu juſqu'à la naiſ-
ſance du Meſſie, par le P. Berruyer. *Paris,* 1728. 39
8 *vol. in-*4.

1669 La même depuis la naiſſance du Meſſie juſ- 12
qu'à la fin de la Synagogue. *La Haye,* 1753. 8
*vol. in-*12.

1670 Paraphraſe littérale des Epitres de S. Paul, par 8.
le même. *Amſt.* 1758. 5 *vol. in-*12.

5. 1671 Mandement & Inftr. Paftorale de l'Evêque de Soiffons contre le P. Berruyer. *Paris*, 1760. 2 *vol. in-4.*

4. 1672 Différentes Pieces contre le P. Berruyer. 6 *vol. in-12.*

2.8 1673 Abrégé de l'Hift. de Port-Royal, par Racine. *Paris*, 1767. *in-12.*

35. 1674 Mémoires pour fervir à l'Hift. Eccléfiaftique du XVIII. fiecle, depuis 1713. jufqu'en 1773. 16 *vol. in-4.*

5.18 1675 Hiftoire de la Religion de tous les Royaumes du monde, par Jovet. *Paris*, 1619. 3 *vol. in-12.*

8.3 1676 Les Religions du monde, par Alex. Rofs, trad. par Lagrue. *Amft.* 1686. *in-12.*

520. 1677 Cérémonies & coutumes religieufes de tous les peuples du monde, repréfentées par des figures deffinées par Bern. Picart, avec l'explication par l'Abbé Bannier. *Amft.* 1739. 11 *vol. in-fol.*

4.3 1678 Conformité des coutumes des Indiens Orientaux avec celles des Juifs. *Brux.* 1704. *in-12.*

2. 1679 Hiftoire du Concile de Trente de Fra-Paolo-Sarpi, trad. par Amelot de la Houffaye. *Amfterd.* 1686. *in-4.*

1680 Lettres & Mémoires de Vargas, trad. par Levaffor. *Amft.* 1699. *in-12.*

1. 1681 Défenfe de la traduction de l'hiftoire du Concile de Trente, par le P. Courrayer. *Amfterdam*, 1742. *in-12.*

5.12 1682 Vies d'Alexandre VI & de Céfar Borgia, par Gordon, trad. de l'Angl. *Amft.* 1751. 2 *v. in-12.*

6.4 1683 Vie de Sixte V. trad. de Gregorio Leti. *Paris*, 1714. 2 *vol. in-12.*

1684 Il Sindicato di Alexandro VII, 1668. *in-12.*

1. 1685 Vita di Dona Olimpia Maldachini, dal abbate Gualdi, *Ragufa*, 1667, *in-12.*

2.10 1686 Vie de D. Olimpe Maldachini, *Geneve*, 1779. 2 *vol. in-12. br.*

1687 Hiſtoire de Clément XI, par Reboulet. *Avi-* 3
gnon, 1752, *in*-4°.

1688

1689 Journal de l'Abbé d'Orſane, *Rome*, 1753, 6 . 4
7 *vol. in*-12.

1690 Mémoires de Montgon. *Lauſane*, 1753, 9 . 4
8 *vol. in*-12.

1691 Hiſtoire du Syndicat d'Edmond Richer. *Avi-* 1
gnon, 1753, *in*-12.

1692 Morale des Jéſuites. *Mons*, 1669, 3 *vol. in*-12. 3

1693 Aſſertions de la Doctrine des Jéſuites. *Paris*, 2
1762, *in*-4°.

1694 Recueil de Pieces pour & contre les Jéſuites. 3 . 10

1695 Hiſtoire de Dom Inigo de Guipuſcoa. *La Haye*, 3
1736, 2 *vol. in*-12.

1696 Hiſtoire de l'Ordre de Saint François. *La Haye* 2 . 7
1740, *in*-12.

1697 Vie & Conduite Spirituelle de Magdeleine ⎫
Vigneron. *Rouen*, 1675, *in*-8°. ⎪
1698 La Vie de la Mére Marguerite de l'Incar- ⎬ 9 . 2
nation, par Languet. *Paris*, 1729, *in*-4°. ⎭

1699 Hiſtoire des Croiſades, par M. de Voltaire, 2
1753. *in*-12.

1700 LXVI Portraits des Grands Maîtres de Malthe, 8 . 10
gravés par Cars, pour ſervir à l'hiſtoire de l'Abbé
de Vertot, *in*-4. *gr. pap.*

1701 Hiſt. de Pierre d'Aubuſſon, par le P. Bouhours, 1 . 10
Paris, 1686. *in*-4°.

1702 Hiſt. de l'Ordre du S. Eſprit, par M. de Saint- 2
Foix. *Paris*, 1767, 2. *vol. in*-12. broché.

1703 Eloges des Perſonnes Illuſtres de l'Anc. Teſt. ⎫
par Doujat. *Paris*, 1688. *in*-8°. ⎪
1704 Vies des Peres, des Martyrs & des principaux ⎬ 27
Saints, trad. de l'Anglois. *Villefranche*, 1763, ⎪
8 *vol. in*-8°. ⎭

1705 Hiſtoires en Cantiques ſpirituels ſur la vie 1
des Saints. *Troyes*, *in*-12. br.

1706 Vie de Saint Bernard, *impr. par Fr. Regnault*, *in-4. gothique.*

1707 Vita di Santa Caterina, di Partenio Etiro; —— Vita di San Tomaso d'Aquino, del medesimo, *in Venetia 1636. in-12.*

1708 Dictionnaire des Hérésies, par Pinchina. *Paris, 1736. in-4.*

1709 Le même, augmenté par M. l'Abbé Pluquet. *Paris, 1762. 2 vol. in-8.*

1710 Vie de Pélage, 1751, *in-12.*

1711 Histoire de la naissance & du progrès du Quakerisme. *Cologne, 1692, in-12.*

1712 Histoire des Anabaptistes. *Amsterdam, 1700. in-12.*

1713 Histoire des Flagellans, par l'Abbé Boileau, *Amsterd. 1701, in-12.*

1714 Vie de Madame Guyon. *Cologne, 1720, 3 vol. in-12.*

HISTOIRE ANCIENNE, DES JUIFS, &c.

1715 Histoire Ancienne, par Rollin. *Paris 1735, 13 vol. in-12.*

1716 Abregé chronologique de l'Hist. Ancienne, par Lacombe. *Paris, 1757. in-8.*

1717 Histoire des Juifs de Joseph, trad. par Arnauld d'Andilly. *Paris, 1735. 5 vol. in-12.*

1718 Histoire des Juifs, par Basnage. *La Haye, 1716, 15 vol. in-12.*

1719 Cérémonies & Coutumes qui s'observent parmi les Juifs, par Simonville. *Lyon, 1684. in-12.*

1720 Pausanias *ou* Voyage historique de la Grece, traduit par l'Abbé Gedoyn. *Paris, 1731, 2 vol. in-4. gr. pap.*

1721 Hérodote, trad. par Du-Ryer. *Paris, 1658. in-fol.*

1722 Thucydide, trad. par de Seyssel. *Paris, 1527, in-fol.*

1723

1723 Thucydide, trad. par d'Ablancourt. *Par.* 1662, 2 *in-fol.*

1724 Retraite des Dix-Mille, & autres ouvrages de Xénophon, trad. par Charpentier. *Amst.* 1758, 2 *vol. in-12.*

1725 Histoire de Philippe, Roi de Macédoine, par Olivier. *Paris,* 1740. 2 *vol. in-12.*

1726 Q. Curtii, historiarum libri, *Lugduni Batav.* Elzevir. 1633. *in-12.*

1727 idem. *Paris.* 1733. *in-24.*

1728 Quinte-Curce, trad. par Vaugelas. *Paris,* 1664. *in-quarto.*

1729 Le même, 1687, 2 *vol. in-12.*

1730 Parallele de l'expédition d'Alexandre dans les Indes, avec la conquête des mêmes contrées, par Thamas Koulikan, par Bougainville, 1752, *in* 8.

1731 L'histoire des Sept-Sages, par de Larrey. *Rotterdam,* 1714, *in-12.*

1732 Vie de Socrate, trad. de l'Anglois, *Amsterd.* 1751, *in-12.*

1733 Les choses mémorables de Socrate, trad. par Charpentier. *Paris,* 1657, 2 *vol. in-12.*

1734 Histoire d'Epaminondas, par l'Abbé Seran de la Tour. *Paris,* 1739, *in-12.*

1735 Histoire Romaine, trad. de l'Anglois de Laurent Echard. *Paris,* 1734. 16 *vol. in-12.*

1736 Annales Romaines *ou* Abrégé Chronologique de l'Histoire Romaine. *Paris,* 1756. *in-8.*

1737 Histoire des Révolut. Romaines, par l'Abbé de Vertot. *Paris,* 1734. 3 *vol. in-12.*

1738 Histoire de Polybe, trad. par Dom Vincent Thuillier, avec un Commentaire, par M. Folard. *Paris,* 1727. 6 *vol. in-4.*

1739 Titi-Livii, Historiarum libri. *Lugd. Batav.* Elzevir, 6 4, 3 *vol. in-12.*

1740 Tite-Live, trad. par Du-Ryer. *Amsterd.* 1700. 8 *vol. in-12.*

1741 Le Vite di Romulo e di Numa Pompilio, *in Venetia*, 1615. *in*-12.

1742 Il Romulo e il Tarquinio Superbo, da Virgilio Malvezzi, *in Milano*, 1634. *in* 24.

1743 C. Salluſtius, cum veterum hiſtoricorum fragmentis. *Lugd. Batav. Elzevir*, 1634, *in*-12.

1744 Hiſtoire de Catilina. *Amſt.* 1749, *in*-12.

1745 Hiſtoire de Scipion l'Africain, par Seran de la Tour, 1738, *in*-12.

1746 C. Julii Cæſaris Commentarii, ex emendatione Scaligeri. *Lugd. Batav. Elzevir*, 1635. *in*-12.

1747 Commentaires de Céſar, trad. par d'Ablancourt. *Paris*, 1650. *in*-4.

1748 Les mêmes. *Paris*, 1658, *in*-4.

1749 Les mêmes, trad. par Perrot d'Ablancourt. *Paris*, 1694, 2 *vol. in*-12.

1750 Les mêmes. *Amſterdam*, 1763. 2 *vol. in*-12.

1751 I Commentarii di Ceſare, da Palladio, *in Venetia*, 1618. *in*-4.

1752 Hiſtoire de la Vie de Jules-Céſar, par M. de Bury, *Par.* 1758. 2 *vol. in*-12.

1753 Hiſtoire des deux Triumvirats. *Amſterd.* 1720. 4 *vol. in*-12.

1754 Hiſtoire de Cicéron, tirée de ſes Écrits, trad. de l'Anglois de Midleton, par l'Abbé Prevoſt. *Paris*, 1746, 5 *vol. in*-12.

1755 Vie de Mécenas, par Richer. *Paris*, 1746. *in*-12.

1756 Hiſtoire de Tacite, trad. par Perrot d'Ablancourt. *Paris*, 1688. 3 *vol. in*-12.

1757 Tacite, avec des Notes hiſt. & politiques, par Amelot de la Houſſaye, *Amſt.* 1721. 4 *vol. in*-12.

1758 Traduction de quelques ouvrages de Tacite, par l'Abbé de la Bleterie. *Paris*, 1755. 2 *vol. in*-12.

1759 Tibere *ou* les ſix premiers livres des Annales de Tacite, trad. par le même, 1768. 3 *vol. in*-12.

1760 Diſcours hiſtor. critiq. & polit. ſur Tacite,

trad. de Gordon, par de Silhouette. *Amst.* 1749,
2 *vol. in-12.*

* Annali e Istorie di Corn. Tacito, *in Venetia,*
1604, *in-24.*

1761 Opere di C. Tacito, tradotto da Bern. Davanzati, *in Parigi*, 1760. 2 *vol. in-12. pap. d'Holl.*

1762 Velleïus Paterculus, trad. par Doujat. *Paris,*
1708, 2 *vol. in-12.*

1763 Florus ex editione Salmasii. *Lugd. Bat. Elzevir,*
1638, *in-12.*

1764 Suetone, trad. par Delaboutiere, 1559, *in-4.*
1765 Le même, par D. B. *Paris,* 1688, *in-12.*
1766 Le même, par M. de la Harpe. *Paris,* 1770.
2 *vol. in-8.*

1767 Histoire du Bas-Empire, par M. le Beau.
Paris, 1757, 16 *vol. in-12.*

1768 Vie de Julien, par l'Abbé de la Bletterie.
Paris, 1735, *in-12.*

1769 La même. *Paris,* 1746, *in-12.*

1770 Histoire de l'Empereur Jovien, par le même.
Paris, 1748, 2 *vol. in-12.*

1771 Histoire de l'Imp. Irene, *Amst.* 1762, *in-12.*

1772 Considérations sur les causes de la grandeur
des Romains & de leur décadence, par le Présid.
de Montesquieu, *Amsterd.* 1734, *in-12.*

1773 Del Senato Romano, di Conders Middleton,
in Venetia, 1748, *in-12.*

1774 Vie privée des Romains. *Lausane,* 1758,
in-12.

1775 Histoire des Vestales, par l'Abbé Nadal. *Paris,*
1725, *in-12.*

HISTOIRE D'ITALIE.

1776 La Istoria d'Italia da Franc. Guicciardini, *in
Venetia* 1599, *in-4.*

1777 Abregé Chronologique de l'Histoire d'Italie,
par de Saint-Marc. *Paris,* 1761, 2 *vol. in-8.*

1778 Nuovo Itinerario d'Italia di Andr. Scoto, *in Padova* 1642, *in-8. mar.*

1779 Voyage d'Italie de Misson. *Paris,* 1722. 4 *vol. in-12.*

1780 Mémoires sur l'Italie, par Nodot, *Amsterd.* 1706, 2 *vol. in-12.*

1781 Delices d'Italie. *Leyde,* 1709. 6 *vol. in-12. fig.*

1782 Memorie Overo Diario del Card. Bentivogli, *in Amsterdam,* 1648. *in-12.*

1783 Della origine e delle Famigli Illustri d'Italia da Franc. Sansorino, *in Vinegia,* 1582, *in-4.*

1784 Lettres du Cardinal Bentivoglio, en Ital. & Franc. *Bruxelles,* 1713. *in-12.*

1785 Vue de Rome, par Silvestre, très-grande carte montée sur gorge, & collée sur toile.

1786 Vestigi delle Antichita di Roma, Stampati da Ægid. Sadeler, *in Praga.* 1606. 2 *vol. in-4.*

1787 Descrizione di Roma antica è moderna. *in Roma.* 1697. 2 *vol. in-8.*

1788 Galeria nel Palazzo Farnese in Roma, dépinta da Annibale Caracci, intagliata da Carlo Cesio. *in-fol.*

1789 Traité des Antiquités de Rome, par Pinaroli, Ital. & Fran. *Rome,* 1725. 3 *vol. in-12. fig.*

1790 Villa Pamphilia, ejusque Palatium. *Roma,* *in-fol.*

1791 Histoire des Révolutions de Florence, sous les Médicis, traduite par M. Requier. *Paris,* 1765. 3 *vol. in-12.*

1792 Histoire de la Conjuration des Pazzi, contre les Médicis, par le Noble. *Paris,* 1698. *in-12.*

1793 Hist. du Gouvernement de Venise, par Amelot de la Houssaie. *Amst.* 1705. 3 *vol. in-12.*

1794 Istoria Venetiana di Paolo Paruta, *in Venetica,* 1645. *in-4.*

1795 Le Cose notabili di Venetia, da Nic. Dolgioni. *in Venetia,* 1666. *in-12.*

1796 Istoria della Republica Veneta, di Foscarini. *in Venetia*, 1696. *in*-4.

1797 Histoire du Gouvernement de Venise, par Laugier. *Par.* 1759. 12 *vol. in*-12.

1798 Descriptione dell'Isola di Sicilia. *in Venetia.* 1546. *in*-12.

1799 La vie du Duc d'Ossone, traduit de Grég. Leti. *Amst.* 1700. 3 *vol. in*-12.

1800 Histoire de Jeanne premiere Reine de Na- ples, par M. Gaillard. *Paris*, 1764. *in*-12.

1801 Mémoires de Colonne. *Cologne*, 1676. *in*-12.

1802. Histoire de la Révolution du Royaume de Naples, par de Lussan. *Paris*, 1757. 4 *vol. in*-12.

1803 Observations sur les Antiquités de la ville d'Herculanum, par MM. Cochin & Bellicard. 1754. *in*-12.

1804 Histoire & Phénomenes du Vésuve, traduit de l'Italien, par l'Abbé Seton. *Paris*, 1759. *in*-12.

1805 Les Relations du Cardinal Bentivoglio, *Paris*, 1642. *in*-4.

1806 Vie du Prince Eugene de Savoie. (*Trévoux.*) 1741. 5 *vol. in*-12.

1807 Mémoires Historiques & Politiques de Corse, par Jausslin. *Lausanne*, 1759. 2 *vol. in*-12.

HISTOIRE DE FRANCE.

1808 Alphabet de la France, par Duval. *Paris*, *in*-12.

1809 Atlas général de la France dressé par différens géographes, contenant 58 Cartes. *Paris*, 1765. === Indicateur fidéle de toutes les Routes de Fran- ce. *Paris*, 1765. *in*-4.

1810 Atlas de la Genér. de Paris divisé en ses 22 élections, par M. Desnos. *Paris*, 1762. *in*-4.

1811 Religion des Gaulois, par Dom Martin. *Paris*, 1727. 2 *vol. in*-4.

1812 Abrégé chronologique de l'Hist. de France, par Mezeray. *Paris*, 1717. 10 *vol. in*-12.

1813 Mém. histor. & crit. par le même, *Amsterd.* 1753. *in*-12.

1814 Histoire de France, depuis l'établissement de la Monarchie Françoise dans les Gaules, par le P. Daniel, *Par.* 1756. 17 *vol. in*-4.

1815 Histoire de France, par Chaalons. *Paris*, 1720. 3. *vol. in*-12.

1816 Instruction sur l'Hist. de France & Romaine, par le Ragois. *Paris*, 1705. *in*-12.

1817 Abrégé chron. des grands Fiefs. *Par.* 1759. *in*-8.

1818 Abrégé chronologique de l'Hist. de France, par le Président Henault. *Paris*, 1744. *in*-8.

1819 Le même, *Paris*, 1746. *in*-8.

1820 Le même, *Paris*, 1756. 2 *vol. in*-8.

1821 Chronological abridgment of the history of France, Written in french by Henault, transladed by Nugent. *London*, 1762. 2 *vol. in*-8.

1822 Histoire de France, par Velly, Villaret & M. l'Abbé Garnier, *Paris*, 1755. 22 *vol. in*-12.

1823 Sommaire de l'Hist. de France en vers, *Paris*, 1748, *in*-8.

1824 Abrégé chronol. de l'Hist. de France, en vers techniques, par M. Fortier. *Par.* 1770. *in*-8. *br.*

1825 Tablettes anecdotes & historiques des Rois de France, par M. Dreux du Radier. *Paris*, 1759. 3 *vol. in*-12.

1826 Mémoires hist. crit. & Anecdotes des Reines & Régentes de France, par M. Dreux du Radier. *Amsterdam*, 1764. 4 *vol. in*-12.

1827 Plan de l'histoire de la Monarchie Françoise, par l'Abbé Lenglet du Fresnoi. *Paris*, 1753. 3 *vol. in*-12.

1828 Les origines ou l'ancien gouvern. de France, Allemagne & Italie, par le Comte de Buat. *La Haye* 1757. 4 *vol. in*-12.

1829 Repréſentation de tous les Rois de France   2 8
depuis Pharamond juſqu'à Louis XV. 1714. *in*-4.
1830 Mémoires particuliers pour ſervir à l'Hiſt. de 3 10
France. *Paris*, 1756. 4. *vol. in*-12.
1831 Obſervations ſur l'Hiſtoire de France, par M. 6 10
l'Abbé de Mably, *Geneve*, 1765. 2 *vol. in*-12.
1832 Hiſtoire de la Rivalité de la France & de   6 4
l'Angleterre, par M. Gaillard. *Paris*, 1771, 3 *vol.*
in-12. *broch.*
1833 Hiſtoire du Regne de Charlemagne, par de   3
la Bruere. *Paris*, 1745. 2 *tom. en* 1 *vol. in*-12.
1834 Mémoire de Joinville *Paris* 1676. *in*-12.   4
1835 Minorité de S. Louis, avec l'Hiſtoire de Louis 2 10
XI. & de Henri II. par Varillas. *La Haye*, 1697.
in-12.
1836 Hiſtoire de France ſous les Regnes de S. Louis, 7 10
de Philippe de Valois, du Roi Jean, de Charles
V & de Charles VI, par l'Abbé de Choiſi. *Paris*,
1750. 4 *vol. in*-12.
1837 Hiſtoire de Bertrand Dugueſclin, par M. de   5 5
Berville. *Paris*, 1767. 2 *vol. in*-12.
1838 Hiſtoire de Charles VI, par de Luſſan. *Paris*, 25 4
1753. 9 *vol. in*-12.
1839 Hiſtoire de Charles VII, par Baudot de July.   3
Paris, 1754. 2 *vol. in*-12.
1840 Hiſtoire de Jeanne-d'Arc, par l'Abbé Lenglet. 6
Paris, 1754. 2 *vol. in*-12.
1841 Hiſtoire de Louis XI par Duclos. *Paris*, 1745. 6 6
3 *vol. in*-12.
1842 Hiſtoire du même, par de Luſſan, *Paris*, 8 2
1755. 6 *vol. in*-12.
1843 Mémoires de Commines. *Bruxelles*, 1706.   5 10
3 *vol in*-8.
1844 Hiſtoire de Marie de Bourgogne, par M.   2 10
Gaillard. *Paris*, 1757. *in*-12.
1845 Mémoires de Dubellai-Langei, par l'Abbé   5 4
Lambert. *Paris*, 1753. 7 *vol. in*-12.

1846 Mémoires de Condé, donnés par l'Abbé Len-
glet. *La Haye*, 1743. 5 *vol. in*-4. *gr. pap.*

1847 Mémoires de Castelnau, par le Laboureur.
Bruxelles, 1731. 3 *v. in-folio.*

1848 Histoire de Charles IX, par Varillas. *Paris*
1684. 2 *vol. in*-12.

1849 Mémoires de l'Etat de France, sous Charles
IX. *Middelbourg*, 1578. 3 *vol. in*-8.

1850 Journal du Regne de Henri III. *Cologne*, 1720.
4. *vol. in*-12.

1851 Description de l'Isle des Hermaphrodites. *Co-
logne*, 1724. *in*-12.

1852 Satyre Menippée. *Ratisbonne*, 1709. 3 *vol.
in*-8°.

1853 Histoire de la Ligue, par Maimbourg. *Paris*,
1683. *in*-4. *mar. r.*

1854 Esprit de la Ligue, par M. Anquetil. *Paris*,
1767. 3 *vol. in*-12.

1855 Istoria delle Guerre civile di Henr. Caterino
Davila. *in Lione*, 1641. 2 *vol. in*-4.

1856 Mémoires d'Etat, par de Villeroy. *Amsterdam*,
1725. 7 *vol. in*-12.

1857 Mémoires de Henri Maximilien de Bethune,
Duc de Sully, *édition du Château. Paris*, 1662.
2 *vol. in-fol.*

1858 Les mêmes. *Rouen*, 1663. 4 *vol. in*-12.

1859 Les mêmes, mis en ordre avec des remarques
par l'Abbé de Lecluse. (*Paris*) 1745. 3 *vol. in*-4.

1860 Vie du Brave Crillon. *Par.* 1758. 2 *vol. in* 12.

1861 Mémoires sur la vie du Maréchal de Bellegarde,
par Secousse. *Paris*, 1764. *in* 12.

1862 Mémoires de la Reine Marguerite. *Paris*,
1628. *in*-8°.

1863 Mémoires du Maréchal de Vieilleville. *Paris*
1767. 5 *vol. in*-12.

1864 Vie de Gaspard de Coligny. *Cologne*, 1691.
in-12.

1865 Journ. du Regne de Henri IV, par del'Etoile,
avec le sup. 1732. 4 vol. in-12.
1866 Lettres de Henri IV. de Villeroi & de Puisieux
à M. de la Boderie. *Amsterdam*, 1733. 2 vol.
in-8.
1867 L'Esprit de Henri IV. *Paris*, 1770. in-12.
1868 Oraisons funebres sur le trepas de Henri le
Grand, par Dupeyrat. *Paris*, 1611. in-8.
1869 Mémoires de Théodore Agrippa-d'Aubigné.
Amst. 1731. in-12.
1870 Mémoires du Duc de Rohan. *Amst.* 1756.
2 vol. in-12.
1871 Le véritable P. Joseph, par Richard. *Paris*,
1704. in-12.
1872 Le même. (*Paris*) 1750. 2 vol. in-12.
1873 Testament politique du Card. de Richelieu.
Amst. 1688. in-12.
1874 Maximes d'Etat, ou Testament politique du
même, & autres pieces à ce sujet. *Paris*, 1764.
2 vol. in-8.
1875 Mémoires de Montrésor. *Cologne*, 1723.
2 vol. in-12.
1876 Vie du Duc d'Epernon. *Amsterdam*, 1736.
4 vol. in-12.
1877 Aventures du Baron de Fœneste, par Théod.
Agrippa-d'Aubigné. *Amsterdam*, 1731. 2 vol. in-12.
1878 Histoire du Regne de Louis XIII, par le Vassor.
Amsterdam, 1712. 10. tom. 22. vol. in-12.
1879 Mémoires de Bassompierre. *Amsterdam*, 1721.
4 vol. in-12.
1880 Mémoires pour servir à l'Histoire d'Anne d'Au-
triche, par Mad. de Motteville. *Amsterdam*, 1739.
6 vol. in-12.
1881 Mémoires de la Rochefoucault. *Cologne*, 1662.
in-12.
1882 Istoria del Ministerio del Card. Mazarino.
in Colonia, 1669. 3 vol. in-12.

P

1883 Histoire du même, par Auberi. *Amsterdam,* 1718. 3 *vol. in-12.*

1884 Recueil de Pieces pour & contre le même. *Paris,* 1644. & *suiv.* 13 *vol. in-4.*

1885 Eclaircissemens de quelques difficultés touchant l'administration du même, par de Silhon. *Paris,* 1650. *in-fol.*

1886 Lettres du même. *Amsterd.* 1692. 2 *vol. in-12.*

1887 Lettres du même. *Amsterd.* 1694. 2 *vol. in-12.*

1888 Testament du même. *Paris,* 1663, *in-24.*

1889 Raccolta di diverse Memorie per scrivere la vita del Card. Giul. Mazarini. *in Lione, in-4.*

1890 Histoire du Maréchal de Fabert. *Amsterdam,* 1697. *in-12.*

1891 Mémoires de Montpensier. *Anvers,* 1730. 6 *vol. in-12.*

1892 Mémoires de Retz, Joly & Nemours. *Genevé,* 1751. 7 *vol. in-12.*

1893 Mémoires de M. l'Abbé Arnault, depuis 1634 jusqu'à 1675. *Amsterdam,* 1756, 2 *vol. in-12.*

1894 Mémoires de la Cour de France, par de la Fayette. *Amsterdam,* 1731. *in-12.*

1895 Mémoires de la Cour de France, par la même. *Amsterdam,* 1742. *in-12.*

1896 Histoire du traité de Westphalie, par le P. Bougeant. *Paris,* 1751. 3 *vol. in-4.*

1897 Vie de Turenne, par Dubuisson. *La Haye,* 1688, *in-12.*

1898 Testament politique de Colbert. *La Haye* 1693 *in-12.*

1899 Vie de Colbert. *Cologne,* 1695. *in-12.*

1900 Histoire du grand Condé, par M. Desormeaux. *Paris,* 1766. 4 *vol. in-12.*

1901 Mémoires d'Artagnan. *Cologne,* 1700. 3 *vol. in-12.*

1902 Mémoires de Berwick. *La Haye,* 1737. 2 *vol. in-12.*

1903 Mémoires du Comte de Grammont. *Cologne,*
1713. *in-*12.

1904 Ambassades de MM. de Noailles en Anglet.
par l'Abbé de Verrot. *Paris,* 1763. 5 *vol. in-*12.

1905 Histoire de la Monarchie Françoise , sous
Louis XIV , depuis 1643,jusq. 1653, par de Rien-
court. *Paris* 1697. 3 *vol. in-*12.

1906 Mémoires de la Fare. *Rotterdam,* 1716. *in-*12.

1907 Mémoires & Lettres de Maintenon, par M. de la
Beaumelle. *Amsterdam,* 1756. 15 *vol. in-*12.

1908 Histoire des Troubles des Cevennes ou de la
Guerre des Camisars. *Villefranche,* 1760. 3 *vol.*
in - 12.

1909 Mémoires de la Duchesse de Mazarin. *Cologne,*
1675. *in-*12.

1910 Histoire de Louis XIV , par Pélisson. *Paris,*
1749. 3 *vol. in-*12.

1911 La même , par Reboulet. *Avignon,* 1744.
3 *vol. in-*4°.

1912 Recueil de Lettres pour servir à l'Hist. de Louis
XIV. *Paris,* 1760. 8 *vol. in-*12.

1913 Siecle de Louis XIV , par M. de Voltaire.
Trevoux, 1752. 2 *vol. in-*12.

1914 Le même, *Leipsick,* 1764. 6 *vol. in-*12.

1915 Médailles sur les principaux évenements du
Regne de Louis le Grand avec des explications
historiques. *Paris,* 1702. *in-fol. mar. citr.*

1916 Mémoires de la Régence. *La Haye,* 1736.
3. *vol. in-*12.

1917 Vie de Philippe d'Orléans. *Londres,* 1736.
2 *vol. in-*12.

1918 Lettres de Filtz-Moritz. *Rotterdam,* 1718.
in - 12.

1919 Mémoires de Forbin. *Amsterdam,* 1730. 2 *vol.*
in - 12.

1920 Mémoires de Brienne. *Amsterdam.* 1720. 2 *vol.*
in - 12.

1921 Campagnes du Maréchal de Noailles en Allemagne en 1743. *Amsterdam*, 1760. 2 *vol. in*·12.

1922 Campagnes du Maréchal de Coigny en Allemagne en 1743 & 1744. *Amsterdam*, 1761. 8 *vol. in*-12.

1923 Mémoires de Torci. *La Haye*, 1756. 3 *vol. in*-12.

1924 Mémoires de Staal. *Londres*, 1755. 4 *tom.* 2 *vol. in*-12.

1925 Testament politique du Maréchal de Belle-Isle. *Amsterdam*, 1761. *in*-12.

1926 Vie politique & militaire, & Codic. du même. *La Haye*, 1762 *in*-12.

1927 VIII. Estampes représentans les différentes Fêtes à l'occasion des Mariages de Madame avec Dom Philippe, & de Mgr le Dauphin, en 1739 & 1745, gravées par M. Cochin.

1928 Journal historique ou Fastes du Regne de Louis XV. *Paris*, 1766, *in*-8.

1929 Le même. *Paris*, 1766. 2 *vol. in*-8.

1930 Collection historique pour servir à l'Histoire de la Guerre terminée par la Paix en 1748, *Paris*, 1758 *in*-12.

1931 Essai d'Histoire sur les insultes faites aux Ambassadeurs de France. *La Haye*, 1748 *in*-12.

1932 Recueil de Pieces sur la dern. Guerre. 1756. *in*-12.

1933 Panégyrique de Louis XV, 1749. *in*-8.

1934 Médailles du Regne de Louis XV. *in*-4.

1935 Histoire de la Ville de Paris, par Felibien & Lobineau. *Paris*, 1725. 5 *vol. in*-fol.

1936 Histoire de la Ville de Paris, par l'abbé Desfontaines. *Paris*, 1735. 5 *vol. in*-12.

1937 Mémorial de Paris & de ses environs, par Antonini. *Paris*, 1744. *in*-12.

1938 Essais Historiques sur Paris, par M. de Saint-Foix. *Londres*, 1754. 3 *vol. in*-12.

1939 Etat de Paris. *Paris,* 1757. *in-8.*

1940 Tableau univerfel & raifonné de la ville de
Paris. *Paris,* 1772. *in-8. br.*

1941 Defcription de Verfailles & de Marly, par
Piganiol de la Force. *Paris,* 1730. *2 vol. in-12.*

1942 Defcription générale de l'Hôtel Royal des
Invalides, avec le Plan. *Paris,* 1683. *in-fol.*
mar. r.

1943 La même, par l'Abbé Perrau. *Paris,* 1756.
in-fol.

1944 Tréfor des merveilles de la Maifon Royale
de Fontainebleau. *Paris,* 1642. *in-fol.*

1945 Annales de la Ville de Touloufe. *Paris,*
1771. *3 vol. in-4. br.*

1946 Hiftoire de la Maifon de Montmorency,
par M. Deformeaux. *Paris,* 1762. *5 vol. 12.*

1947 Recueil de Pieces intéreffantes, pour fervir
à l'Hiftoire de France. *Geneve,* 1769. *in-12. br.*

1948 Recueil de Pieces fur l'Hiftoire de France;
depuis A, jufqu'à Z. *Bruxelles,* 1746. *& fuiv.*
24. *p.* 12 *vol. in* 12.

1949 Etat de la France. *Paris,* 1736. *6 vol. in-12.*

1950 Hiftoire de l'ancien Gouvernement de la
France, par de Boullainvilliers. *La Haye,* 1727.
4 vol. in-12.

1251 Hiftoire de la Pairie de France, par le même.
Londres, 1753. *in-12.*

1952 Traité de la Majorité de nos Rois, & des
Régences du Royaume. *Amft.* 1722. *2 vol. in-8.*

1953 Vies des Femmes illuftres de la France. *Paris,*
1764. *5 vol. in-12.*

1954 Etat Militaire de France pour différentes années.

HISTOIRE D'ALLEMAGNE, D'ANGLETERRE &c.

1956 Carte générale d'Allemagne, collée fur toile
dans fon étui.

1957 LXVI. Cartes de différentes parties du Monde, principalement d'Allemagne, par différens Géographes.

1958 Sept cartes de différentes parties de l'Allemagne, Prusse &c. Par M. le Rouge, *collées sur toile.*

1959 Histoire de l'Empire, par Heiss. *Paris*, 1711. 5 *vol. in-*12.

1960 Histoire générale d'Allemagne, par le P. Barre. *Paris*, 1748. 11 *vol. in-*4.

1961 Histoire du Regne de Charles-Quint, traduit de M. Robertson, par M. Suard. *Paris*, 1771. 6 *vol. in-*12.

1962 Mémoires de Vordac. *Paris*, 1702. *in-*12.

1963 Abrégé Chronologique de l'Histoire, & du Droit public d'Allemagne. *Paris*, 1754. *in-*8.

1964 Annales de l'Empire, depuis Charlemagne, par M. de Voltaire. *Basle*, 1753. 2 *volumes in-*12.

1965 Essai critique sur l'établissement & la translation de l'Empire d'Occident, par l'Abbé Guyon. *Paris*, 1752. *in-*8.

1966 Mémoires pour servir à l'Histoire de Brandebourg. 1751. *in-*12.

1967 Les mêmes, *La Haye*, 1751. *in-*4.

1968 Vie de Charles V, Duc de Lorraine & de Bar. *Amst.* 1691. *in-*12.

1969 Mémoires du Marquis de Beauvau. *Cologne*, 1690. *in-*12.

1970 Histoire de l'Origine, du Progrès & de l'Etat présent de la Chapelle de Notre-Dame des Ermites, en Suisse. *Einsidlen*, 1699, *in-*12.

1971 Cartes du Brabant. *in-*4.

1972 Remontrance au Peuple de Flandres, *Paris*, 1642. *in-*8.

1973 Della Guerra di Fiandra dal Bentivoglio *in Venetia.* 1645. *in-*4.

1974 Révolutions des Pays-Bas. *La Haye,* 1758. 5.
*in-*12.

1975 Histoire Métallique de la République de
Hollande, par Bizot. *Par.* 1687. *in-fol. mar. fig.*

1976 Histoire de la Guerre de Hollande. *Paris,*
1682. *in-*12.

1977 Histoire de Hollande, par M. de la Neu-
ville. *Paris,* 1693. 4 *vol. in-*12.

1978 Vie de Ruyter. *Rouen,* 1688. *in-*12.

1979 Histoire du Stadhouderat, par M. l'Abbé Ray-
nal. *La Haye,* 1748. *in-*12.

1980 Descrip. Hist. & Géog. des Isles Britanniques,
par M. l'abbé Expilly. *Paris,* 1759. *in-*12 *br.*

1981 Histoire des Isles de Jersey & Guernesey,
par M. le Rouge. *Paris,* 1757. *in-*12.

1982 Histoire d'Angleterre, par Rapin de Thoyras.
La Haye, 1749. 16 *vol. in-*4.

1983 Abrégé Chronologique de l'Histoire d'An-
gleterre. *Amst.* 1730. 7 *vol. in-*12.

1984 The History of great Britain under the House
of Stuart, by David Hume. *London,* 1759. 2
*vol. in-*4.

1985 The History of England, under the House
of Tudor, by David Hume. *London,* 1759. 2 *vol.*
*in-*4.

1986 Histoire des maisons des Plantagenets, Tudor
& Stuart, traduit de l'Anglois de M. Hume. *Paris,*
1759 & *suiv.* 7 *vol. in-*4.

1987 Histoire de Guillaume le Conquérant, par
l'Abbé Prevost. *Paris,* 1742. 2 *vol. in-*12.

1988 Histoire du Divorce de Henri VIII, Roi d'An-
gleterre & de Catherine d'Arragon, par l'Abbé
Raynal. *Amst.* 1763. *in-*12.

1989 Hist. entiere & véritable du Procès de Charles
Stuart. *Londres,* 1650. *in-*12.

1990 Histoire de Henriette d'Angleterre, par Mad.
de la Fayette. *Amst.* 1742. *in-*12.

1991 Vita di Oliviero Cromvele da Gregorio Leti. *Amst.* 1692. 2 *vol. in*-8.

1992 Vie d'Elisabeth, trad. de Gregorio Leti. *Amst.* 1696. 2 *vol. in*-12.

1993 Apologie de la Reine Anne, trad. de l'Angl. de Swift. *Paris*, 1769. *in*-12. *br.*

1994 Mémoirs and Reflictions upon the Reign of King Charles the I, and the II, by Rich. Bulftrode. *London*, 1721. *in*-8.

1995 Histoire du Miniftere de Walpool. *Amst.* 1764. 3 *vol. in*-12.

1996 Mémoires fecrets de Bolingbroke fur les affaires d'Angleterre depuis 1710, jufqu'en 1716. *Londres*, 1754. *in*-8.

1997 Hift. du Parlement d'Angleterre, par l'Abbé Raynal. *Londres*, 1748. *in*-12.

1998 Teftament politique de l'Amiral Byng, trad. de l'Angl. *Portfmouth*, 1759. *in*-12.

1999 Histoire des Pirates Anglois, trad. de l'Angl. *Paris*, 1726. *in*-12.

2000 Hiftoire d'Ecoffe fous les regnes de Marie Stuart & de Jacques VI, trad. de l'Anglois de M. Robertfon. *Londres*, 1764. 3 *vol. in*-12.

2001 Abrégé chronologique de l'Hiftoire d'Efpagne, par M. Deformeaux. *Paris*, 1758. 5 *vol. in*-12.

2002 Hiftoire fecrette de Henri IV, Roi de Caftille. *Paris*, 1695. *in*-12.

2003 Hiftoire du Card. de Grandvelle. *Paris*, 1761. *in*-12.

2004 Hiftoria de las Guerras civiles di Grenada. *En Paris*, 1660. *in*-8.

2005 Teftament polit. du Card. Alberoni. *Laufanne*, 1753. *in*-12.

2006 Hiftoire fecrette de Dom Antoine, Roi de Portugal. *Paris*, 1696. *in*-12.

2007 Relation hiftorique du Tremblement de terre
                                          furvenu

furvenu à Lisbonne en 1755. *La Haye*, 1756. 2
vol. *in*-12.

2008 Hiftoire de Guftave-Adolphe. *Amft.* 1764.
4 vol. *in*-12.

2009 Mémoires concernant Chriftine, Reine de
Suede. *Amft.* 1760. 4 vol. *in*-4.

2010 Hiftoire de la même, par M. Lacombe. *Paris*,
1762. *in*-12.

2011 Hiftoire de Charles XII, par M. de Voltaire.
Bafle, 1732. *in*-12.

2012 Voyage d'Uranisbourg, ou obfervat. aftronom.
faites en Dannemarck, par Picard. *Paris*, 1680.
in-fol.

2013 Effai politique fur la Pologne, 1764. *in*-12. *br.*

2014 Hiftoire de Sobieski, par l'Abbé Coyer. *Par.*
1759. 3 vol. *in*-12.

2015 Anecdotes de Pologne, ou Mémoires fecrets
du regne de Sobieski III. *Paris*, 1699. 2 vol.
in-12.

2016 Hiftoire de Meric, Comte de Tekeli. *Coleg.*
1693. *in*-12.

2017 Anecdotes du féjour du Roi de Suede à Bender.
Hambourg, 1760. *in*-8.

2018 Tabulæ Geogr. Electoratus Saxoniæ, cum om-
nibus quæ in eo comprehenduntur Præfecturis &
Dynaftiiis, cura Matth. Scutter. *in-fol.*

2019 Bafilica SS. Udalrici & Afræ Auguftæ Vinde-
licorum, ab Hertfelder. *Aug. Vindel.* 1627. *in-fol.*

2020 Abrégé chronol. de l'Hiftoire du Nord, par
M. Lacombe. *Paris*, 1762. 2 vol. *in*-8.

2021 Hiftoire de l'Empire de Ruffie, par M. de
Voltaire. *Geneve*, 1763. 2 vol. *in*-8.

2022 Hiftoire des Révolutions de l'Empire de Ruffie,
par M. Lacombe. *Paris*, 1759. *in*-12.

2023 Anecdotes du regne de Pierre Premier. 1745.
in-12.

2024 Caprices de la Fortune, ou Hiftoire du Prince

Menzicoff, & une Trag. *Paris*, 1772. *in-8. br.*

2025 Conspectus Ædium Imperialis Academiæ Scientiarum Petropolitanæ. *Petropoli*, 1744. *in-4.*

HISTOIRE DE L'ASIE, DE L'AFRIQUE.

2026 Histoire moderne, par l'Abbé de Marsi, avec la continuation. *Paris*, 1755. 22 *vol. in-12.*

2027 Mélanges intéressans & curieux sur l'Asie, l'Afrique, l'Amérique & les Terres Polaires, par M. de Surgy. *Paris*, 1763. 10 *vol. in-12.*

2028 Mémoires géogr. physiq. historiq. sur l'Asie, l'Afrique & l'Amérique, par le même. *Paris*, 1767. 4 *vol. in-12.*

2029 L'Hist. des Arabes avec la Vie de Mahomed, par de Boulainvilliers. *Amst.* 1731. *in-12.*

2030 Etat général de l'Empire Ottoman depuis sa fondation jusqu'à présent, trad. par de la Croix. *Paris*, 1695. 3 *vol. in-12.*

2031 Histoire des Etats Barbaresques, trad. de l'Angl. *Paris*, 1757. 2 *vol. in-12.*

2032 La Turquie Chrétienne sous Louis-le-Grand, par de la Croix. *Paris*, 1695. *in-12.*

2033 Histoire générale de l'Empire du Mogol, par le P. Catrou. *Paris*, 1705. *in-4.*

2034 Théâtre de la Turquie, par le Febvre. *Paris*, 1682. *in-4.*

2035 Hist. du Regne de Mahomet II, par Guillet. *Paris*, 1681. 2 *vol. in-12.*

2036 Histoire de Tamerlan. *Paris*, 1739. 2 *vol. in-12.*

2037 Historie de rè Lusignani, da Henr. Giblet. *In Bologna*, 1647. *in-4.*

2038 Recueil d'Estampes représentant différentes Nations du Levant. *Paris*, 1714. *in fol. mar. r.*

2039 Athènes ancienne & nouvelle, par de la Guilletiere. *Paris*, 1676. *in-12.*

2040 Lacédémone ancienne & nouvelle, par de la 2. 19
Guilletiere. *Paris,* 1676. 2 *vol. in-12.*

2041 Histoire des Révolutions des Indes Orientales. 4. 19
Paris, 1757. 2 *vol. in-12.*

2042 Mémoires historiq. sur les Missions des Indes 2.
Orientales, par le P. Norbert. 1745. 2 *vol. in-12.*

2043 Histoire du Christianisme des Indes, par la 3. 19
Croze. *Trevoux,* 1766. 2 *vol. in-12.*

2044 Description du Royaume de Siam, par de la 4. 10
Loubere. *Amst.* 1714. 2 *vol. in-12.*

2045 Histoire de Siam, par M. Turpin. *Par.* 1771. 4. 4
2 *vol. in-12. br.*

2046 Histoire de Thamas-Koulikan. *Amst.* 1740. 3.
in-12.

2047 Hist. du grand Tamerlan, par de Saint-Yon. 2. 10
Paris, 1677. *in-12.*

2048 Histoire du grand Genghizcan, par Pétis de 3.
la Croix. *Paris,* 1710. *in-12.*

2049 Histoire de Saladin, par M. Marin. *Paris,* 4. 3
1758. 2 *vol. in-12.*

2050 Egypte ancienne & moderne, par M. d'Origny. 2. 10
Paris, 1762. 2 *vol. in-12. br.*

2051 Histoire de la Guerre de Chypre, par le Pel- 2.
letier. *Paris,* 1685. *in-4.*

2052 Histoire des Isles Mariannes, par le P. le Go- 1. 16
bien. *Paris,* 1700. *in-12.*

2053 Mémoires sur l'état présent de la Chine, par 2. 10
le P. Lecomte. *Paris,* 1696. *in-12.*

2054 Lettres édifiantes des Missions étrangeres, tomes 1.
XXI & XXII. *br.*

2055 Il Christianismo felice nelle Missioni del Padri 1.
della Compagnia di Gesu nel Paraguai, descritto
da Ludov. Ant. Muratori. *In Venetia,* 1752. 2
vol. in-12.

2056 Relation de l'Afrique Occidentale, par le P. 7.
Labat. *Paris,* 1728. 5 *vol. in-12.*

2057 Histoire de Mouley-Mahamet, fils de Mouley- 1. 12

Iſmaël, Roi de Maroc. *Geneve*, 1749. *in*-12.

2058 Relation de l'Ambaſſade de Méhemet-Effendi à la Cour de France. *Paris*, 1758. *in*-12.

2059 Informatione del Regno è Stato del grand Rè di Mogor. *In Breſcia*, 1597. *in*-12.

2060 Relation hiſtor. de l'amour de l'Empereur de Maroc pour Mad. la Princeſſe de Conty. *Cologne*, 1700. *in*-12.

2061 Hiſtoire des Incas, Rois du Pérou, trad. de Garci-Laſſo de la Vega. *Amſt.* 1727. 2 *vol. in*-4.

2062 Hiſtoire des Incas, Rois du Pérou. *Par.* 1744. 2 *vol. in*-12.

2063 Hiſtoire de la Nouvelle-France, par le P. Charlevoix. *Paris*, 1744. 6 *vol. in*-12.

2064 Hiſtoire d'Abyſſinie où d'Ethiopie, tirée du Latin de Ludolf. *Paris*, 1684. *in*-12.

2065 Hiſtoire naturelle & politique de la Penſilvanie & de l'établiſſement des Quakers dans cette contrée, trad. par M. de Surgy. *Paris*, 1768. *in*-12.

HISTOIRE HÉRALDIQUE,

ANTIQUITÊS.

2066 Dictionnaire Généalogique Héraldique, par M. Lachefnaye des Bois. *Paris*, 1759. 6 *vol. in*-8.

2067 Armorial des principales Maiſons & Familles du Royaume, par Dubuiſſon, avec les blazons enluminés. *Paris*, 1757. 2 *vol. in*-12 *brochés.*

2068 Antiquité expliquée & repréſentée en figures, par Dom Bern. de Monfaucon. *Paris*, 1722. 10 *vol. in-fol.*

2069 Mémoires ſur l'ancienne Chevalerie, par M. de Saint-Palaye. 1755. *in*-4.

2070 Cinquante-ſept Figures antiques enſeignées à Rome par Fr. Ferrier.

2071 Differtation fur douze Médailles des Jeux féculaires de l'Emper. Domitien, par Rainffant. *Verfailles,* 1684, *in-4. mar.*

2072 Hiftoire des Amazones, par l'Abbé Guyon. *Paris,* 1740. *in-12.*

2073 Differtation fur les Feftins des anciens Grecs & Romains, & fur les cérémonies qui s'y pratiquoient. *La Haye,* 1715. *in-12.*

2074 Difcorfo fopra la Caftrametatione e Difciplina Militare de Romani, tradotto per Gabriel Symeoni. *Lyone,* 1555. *in-fol.*

2075 Il Medefimo. *in Vinegia,* 1558. *in-12.*

2076 Effai fur les Hiéroglyphes des Egyptiens. *Paris,* 1746. 2 *vol. in-12.*

HISTOIRE LITTÉRAIRE.

2077 Hiftoire & Mémoires de l'Académie des Infcriptions & Belles Lettres. *Paris,* 1717 & *fuiv.* 35 *vol. in-4.*

2078 Bibliothéque Françoife, par l'Abbé Goujet. *Paris,* 1740. 18 *vol. in-12.*

2079 Journal des Sçavans depuis 1665 jufq. 1734, *in-4;* 1749, jufq. 1759, *in-12;* 1760—1773, *in-4, reliés & brochés.*

2080 Nouvelles de la République des Lettres, par Bayle & Bernard, depuis 1684 jufqu'en 1689; & depuis 1699 jufq. 1710, 1716, 1717, 1718. *Amfterd.* 1715. 56 *vol. in-12.*

2081 Hiftoire des Ouvrages des Sçavans, par Bafnage. *Amfterdam,* 1721. 24 *vol. in-12.*

2082 Bibliothéque univerfelle & hiftorique, par le Clerc. *Amfterdam,* 1700. 25 *vol. in-12.*

2083 Bibliothéque choifie, par le même. *Amfterd.* 1706. 9 *vol. in-12.*

2084 Journal de Trévoux, depuis 1748 Septenr-

bre, jufqu'en 1773. 111 *vol. in-12 rel. fix an-*
nées broch.

2085 Le Pour & Contre, par l'Abbé Prevoft.
Paris, 1732, 20 vol. in-12.

2086 Nouvellifte du Parnaffe, Obfervations &
Jugemens, par l'Abbé des Fontaines. *Paris,*
1734 & fuiv. 46 vol. in-12.

2087 Mémoires fecrets de la Républiq. des Lettres,
par le Marq. d'Argens. *Amfterdam, 1737. 2 vol.*
in-12.

2088 Lettres fur quelques Ecrits & Année litté-
raire, par M. Freron, jufq. 1772. *Paris, 1746.*
132 vol. in-12 rel. & quatre années broch.

2089 Mercure de France, depuis Août 1748 jufq.
y compris Mai 1773, *broch.*

2090 Choix de Mercures. 35 *vol. in-12 broch.*

2091 Journal étranger, depuis Avril jufq. Nov.
1754; 1755 jufq. 1758; 1760 jufq. 1761; 1762,
Janv. à Sept. *rel. & br.*

2092 Annales Typographiques, depuis 1758 jufq.
1762. *Paris, 1763. 10 vol. in-12.*

2093 Avant-Coureur, depuis 1760, jufq. y com-
pris 1772, *br.*

2094 Gazette littéraire de l'Europe, depuis Mars
1764, jufq. y compris Mars 1766.

2095 Dictionnaire typographique, hiftor. & crit.
des livres rares, par Ofmont. *Paris, 1768. 2 vol.*
in-8.

2096 Catalogue du Mar. d'Eftrées, avec les prix.
Paris, 1740. 2 vol. in-8. br.

2097 Catal. du Comte d'Efclimont. *Paris, 1759,*
in-8, br.

2098 Catalogue de Giraud de Moucy. *Paris,*
1753, in-8, br.

2099 Catalogue de M. de Boze. *Paris, 1753; in-8,*
broch.

2100 Catalogue de Paillet des Brunieres. *Paris,*
1754, in-8, br.

2101 Catalogue de MM. Geoffroy. *Paris,* 1754,
in-12, *br.*

2102 Catalogue du Préfid. Chauvelin. *Par.* 1754,
in-8, *br.*

2103 Catalogue de Coquelet. *Par.* 1754, in-8,
broch.

2104 Catalogue de Bonneau. *Paris,* 1754, in-8,
broch.

2105 Catalogue de Delan. *Paris,* 1755, in-8,
broché.

2106 Catalogue du Comte de Vence. *Paris,* 1760,
in-8.

2107 Catalogue de Falconnet. *Par.* 1763, 2 vol.
in-8, *br.*

2108 Bibliotheca Senicurtiana. *Par.* 1766, in-8,
broché.

2109 Catalogue du Duc de Chaulnes. *Par.* 1770,
in-8, *br.*

2110 Catalogue de M. de Mairan. *Par.* 1771,
in-8.

2111 Différens Catalogues *in-8 & in-12, br.*

2112 Vies des Hommes illuft. & Œuvres morales
de Plutarque, trad. par Amyot. *Par.* 1655, 4
vol. in-fol.

2113 Réflexions politiques & morales fur les
Hommes illuft. de Plutarque. *Par.* 1764, 4 *vol.*
in-12.

2114 Portraits des douze Céfars, & de leurs
Femmes, gravés par Sadeler, *in-fol.*

2115 Huit Portraits, dont celui de la Reine, de
M. Chauvelin & autres, gravés par Tardieu,
Moitte, &c.

2116 Vies des plus illuftres Philofophes de l'an-
tiquité, trad. de Diogêne Laërce, avec les
portraits. *Amfterd.* 1758, 3 *vol. in-12.*

2117 Abrégé des vies des anciens Philofophes,
par Fénélon. *Paris,* 1726, in-12.

2118 Hiſtoire des Philoſophes modernes, avec leurs portraits, par M. Saverien. *Paris,* 1760, 4 *vol. in-4, br.*

2119 Vie d'Epictete, & ſa Philoſophie. *Paris,* 1667, *in-*12.

2120 Vies d'Epicure, de Platon & de Pythagore. *Amſterdam,* 1752, *in-*12.

2121 Hiſtoire de Simonide, par de Boiſſi. *Paris,* 1755, *in* 12.

2122 Vita di Eſopo Frigio da Giulio Landi. *In Venetia,* *in-*12.

2123 Vie de Deſcartes. *Paris,* 1692, *in-*12.

2124 Hiſtoire de Bayle & de ſes ouvrages, par M. de la Monnoye. *Amſterdam,* 1716, *in-*12.

2125 Vie de Jerôme Bignon, par l'Abbé Perau. *Paris,* 1757, *in-*12.

2126 Vie de Boſſuet, par M. de Burigny. *Par.* 1761, *in-*12.

2127 Vie de l'Abbé de Choiſi. *Lauſanne,* 1748, *in-*8.

2128 Hiſtoire critique de Nicolas Flamel & de Pernelle ſa femme. *Paris,* 1761, *in-*12.

2129 Vie de Gaſſendi. *Paris,* 1737, *in-*12.

2130 Mémoires & Lettres pour ſervir à l'hiſtoire de la vie de Lenclos. *Rotterdam,* 1751, *in-*12.

2131 Hiſtoire de la vie & des ouvrages de l'Abbé Lenglet du Freſnoy. *Paris,* 1761, *in-*12.

2132 Apologie de la vie & des œuvres de Raymond Lulle, par Perroquet. *Vendôme,* 1667, *in-*8.

2133 Vita del Padre Paolo. *In Venetia,* 1658, *in-*12.

2134 Mémoire ſur la vie de Pibrac. *Amſterdam,* 1761, *in-*12.

2135 Mémoires ſur la vie de Jean Racine, & Recueil de Lettres du même. *Lauſanne,* 1748, 2 *vol. in-*12.

2136

2136 Œuvres posthumes de l'Abbé Racine. *Avignon*, 1759, *in-12.*

2137 Vie & bons mots de Santeuil. *Cologne*, 1738, 2 *vol. in-12.*

2138 Vie & Lettres de Jean Soanen, Evêque de Senez. *Cologne*, 1750, 2 *vol. in-4.*

2139 Vie de Strozzi, trad. par Requier. *Paris*, 1762, *in-12.*

2140 Vie de Caylus, Evêque d'Auxerre. *Paris*, 1765, 2 *vol. in-12.*

2141 Nécrologe des Hommes célébres de France, depuis 1763 jusq. 1772. *Paris*, 8 *vol. in-12*, brochés.

2142 Mémoires Littéraires sur différens Auteurs. *Londres*, 1761, 3 *vol. in-8. br.*

2143 Querelles Littéraires, par l'Abbé Irail. *Paris*, 1761, 4 *vol. in-12.*

2144 Recueil de Piéces sur la contestation survenue entre J. J. Rousseau & M. Hume, *in-12*, broché.

2145 Les grands Hommes vengés, par des Sablons. *Lyon*, 1769, 2 *vol. in-8.*

2146 Valerii Maximi, dictorum factorumque memorabilium libri. *Amstelodami, Elzev.* 1650, *in-24.*

2147 Histoires tragiques & crit. de Bandel, par Belleforest, *Lyon*, 1595, 7 *vol. in-8. (manque le premier vol.)*

2148 Histoires tragiques, par de Rosset. *Rouen*, 1700, *in-8.*

2149 Evénemens singuliers, par de Belley. *Paris*, 1660, *in-8.*

2150 Les Princes célébres qui ont regné dans le monde. *Paris*, 1769, 4 *vol. in-12.*

2151 Gallerie des Femmes fortes, par le P. Lemoine. *Paris*, 1647, *in-4.*

2152 Œuvres de Brantome. *Leyde*, 1722, 10 *vol. in-12.*

R

2153 Essai sur les grands événemens par les petites causes. *Paris*, 1758, *in-12*.

2154 Dictionnaire historique, par Louis Moreri. *Lyon*, 1681, 2 *vol. in-fol.*

2155 Le même. *Paris*, 1712, 5 *vol. in-fol.*

2156 Le même, revu par M. Drouet, *Paris*, 1759, 10 *vol. in-fol.*

2157 Dictionnaire historique & critiq. par Bayle. *Amsterdam*, 1730, 4 *vol. in-fol.*

2158 Dictionnaire histor. par l'Abbé Ladvocat. *Paris*, 1752, 2 *vol. in-8.*

2159 Dictionnaire historique, littéraire & critique. *Avignon*, 1759, 6 *vol. in-8.*

Lu & approuvé le présent Catalogue, ce 10 *Juillet* 1772. Signé SAMSON, Adjoint.

www.ingramcontent.com/pod-product-compliance
Ingram Content Group UK Ltd.
Pitfield, Milton Keynes, MK11 3LW, UK
UKHW022043070726
13613UKWH00002B/657